U0153981

Korean

自序／論述他國文化的「客觀的貧乏」與「主觀的膨脹」——以「韓國」爲例

這次有幸獲邀在臺灣當地經營人文書籍有方——五南出版社的陳編輯姿穎小姐邀稿寫作《韓國人入門》一書，把他國文化、優點引進國內給國人認知，備感榮幸。但是，在獲邀寫稿之後，緊接而來的，就是如何面對寫作一個國家的難題存在。

「韓國」，就此小書處理的範圍，是針對「大韓民國」（대한민국，Republic of Korea），也就是我們俗稱的「南韓」，來進行寫作；有著跟我們一樣的黃皮膚、黑頭髮，身高距離相近，且與臺灣相距不遠，搭上飛機只要兩個半小時就可以抵達的東北亞國家南韓，爲什麼，卻讓筆者難以下筆呢？

「韓國，看似近在鄰邊，但卻是離我們最遠的國家」。

難以下筆的原因，首先，就一本近十萬字的「小」書，要寫出韓國整體國家的現象、社會風俗或是民族性等特色，著實是難事，其中困難點首先是在語言上。臺灣精通韓語的專業人士，與英語、日語等等大宗語言領域的專業人士相較之，的確偏少了許多，但由於最近全世界颳起了一陣陣的「韓流」，在世界各地學習韓國語的人士有漸漸成長的趨勢，然質跟量還是無法跟上面筆者提到的大宗語言相比較。當然，這需要時間的，因爲要培養國內韓語專業人士不是件易事，但又是不可不爲之事。除此之外，更需要的是學有所成的前輩們，提攜後進後學人士之努力。

因此，先就語言上而言，由於國內精通韓語的人不多，所以在國內也好，或是在世界各地，我們可以看到一些有關韓國報導，或是在筆者寫作此書籍蒐集資料時，經常看到一些極度扭曲韓國形象的新聞、數據，甚至是不知所云的內容出現，而且爲數不少，透過這樣的宣傳內容、大眾傳播，或是刻意的操作，往往會讓人「認爲」韓國就是「這樣」、韓國就是「那樣」，如：「韓國人都認爲孔子是他們的」、「韓國人運動都會作弊」，以及「韓國人都會整容」等等這些刻板「印象」（impressions）和「偏見」（prejudice）。

但，這是無可厚非的，因爲人總是依照著「偏見」生活著，如我喜歡韓國，我討厭韓國，我愛吃漢堡，我不喜歡吃米飯等等，這種出現在我們日常生活中最基本的興趣、選擇，本身就是一種「偏見」、「愛好」，不論是誰，難免都會有。

但是，筆者試圖在書中要揭示、也努力的是，有沒有可能從另一個層面，來跟這些我們對於韓國長年累積、習以爲常的「印象」，做出一個對話的可能性？

所以，寫作韓國文化現象的題材，我們面臨的第一個問題，就是上面提到的「解讀韓文文本的能力」。這一點筆者自報在韓語教學、認知以及翻譯有些小成就，因此在處理一些我在國內發現到，對於韓國荒謬的報導文字或是數據時，只要稍稍對照一下韓國當地的網頁以及搜尋韓國當地網站資訊，就可以輕易解決其中的荒謬點，而這些不宜之處，筆者在書中多少都有提到，請讀者參考之。

但，千萬不要認爲我是幫韓國講話，我只是與我自己長久以來的「韓國」對話。

舉一個親身的例子來說吧，多年前筆者也覺得韓國人總愛說什麼東西都是他們的；但一日，與韓國首爾當地成均館大學（성균관대학교）的學者見面時，我也問起「他們韓國人」眞的都認爲：「孔子是韓國人的嗎？」在韓國當地，成均館大學被公認爲儒學研究最具公信力、最有成就的學校，若是要推源他們學校的起源，可以推到一三九八年，即爲當時朝鮮王朝，爲了王室子弟學習而設立的國立教育機構，而「成均館」的校名出處來自《周禮》：「大司樂掌，成均之法，以治建國之學政」，由此可知，此校以根深的儒學底子建校。那麼，歷史如此悠久的學校，總應該可以給我一

個答案吧？結果，只聽見韓國學者冷冷地回答我說：「我在成均館學習十幾年了，從來沒有在我們自己學校聽到有人講說，孔子是我們韓國人。」

我們眼中的韓國人，是否眞的是他們韓國人呢？

當然，讀者們也可反駁說：我就有看過這樣的報導，你怎麼能憑個人經驗，就肯定韓國人在說孔子是他們自己人這件事上無罪呢？

我只想點醒、給出另一條看待韓國的可能性。我們從哪裡獲知他們「認爲孔子是韓國人」的這個來源？我們眞有透過最接近韓國的韓文去認知到這個「新聞」或是「偏見」呢？而這樣的「新聞」在韓國當地，一般的「輿論」又是怎麼說明的呢？

熟悉韓國文字、文獻這一點，讓我不需要再隔一層語言（如英文、中文等等翻譯）來認識韓國；也較能確保文章的可讀性、可性度。以本書的附錄來說，筆者乃就韓國當地書籍文獻，翻譯出韓國歷代史大事，可以全貌地了解，韓國人他們怎麼看待這個世界。舉一個筆者在文中提到例子來說明，在一九五二年發生的戰爭，韓國人稱爲：「壬辰倭亂」；在日本人眼中，則稱爲：「朝鮮征伐」、「文祿之役」；在中國歷史上，則是稱爲：「萬曆援朝之役」。你說哪個才是這個戰爭的眞正「面貌」呢？端看所持的立場不同而異之。

因此，爲求資料之客觀，筆者在文章內提到的關鍵字，都有列出韓文原文，也方便讀者日後進修，或者是韓文前輩依此挖掘更多精彩的內容、補充來指教之。

繼之，就是此書的選材、選擇寫作主題的內容，也形成一難題，而這可以從書的結構來說起。

先就書內的「客觀性」（objectivity）而言，此書前面的部分，先是介紹大韓民國的簡史、建國年代、國號由來以及經濟發展現況、數據、憲政與政體現況，還有歷代總統人士，這些確確實實發生在「歷史」上等等事件作開頭。

但是這樣的數據、人名，也只能說「客觀的貧乏」（unhealthy of objective），因爲若是我們陳列出一大堆、一大頁的韓國GDP發展數據、外貿金額等等資料，但沒有進行詮釋的話，這些數字又有何重要性呢？所以，我們在第一部分「客觀」的「大韓民國介紹」，融合韓國當地或是世界各國怎麼看待韓國的事件爲例，且加以詮釋。

就成書的「主觀性」（subjectivity）而言，在「客觀性」數據之後，「主觀性」的寫作題材、內容的選材也是一件難事，畢竟這本小書，不像是在韓語領域已有成就的諸多前輩們寫作出來的專業書籍，如「韓國近代史」、「韓國歷史」或是「韓國儒學史」等等分門別類的書籍，所以在選材上，也讓筆者頭疼，因爲每個題材、內容若眞有心作，一個小題目，三、四十萬字都是免不了的。

但是，秉持著易讀、通俗以及知識普及化爲宗旨，此書作爲介紹韓國當地現況、民俗的普羅書籍，筆者也只能就自己的「留學生活」爲主，以自己的親身「體驗」（experience），甚至參考自己在平日寫作有關於韓國點點滴滴的日記、稿件[1]，分成食衣住行育樂幾大範疇，隨手拈來，以自己在韓國生活中所看、所聽、所言、所思的種種心得加以寫作，如介紹韓國調味料的應用、地鐵上的阿珠媽、韓國當地咖啡文化、公主病以及文學作品《春香傳》等等，看似任意的取材，或者我們對應上方「客觀的貧乏」一語，筆者似乎以「主觀的膨脹」（expansion of subjective）來著書，甚至可以用此語來評論此書。

但這樣的取材並非沒有經過設計，作爲大眾讀物的：《韓國人入門》這本書中，我們介紹韓國當地，是以現今所存的一般（in general）文化現象來進行分析，如：身爲韓國人都知道「阿里郎」這首歌曲，其中的歌曲內容是在表達什麼呢？在韓國當地，韓國學生與長輩、老師對談時，爲什麼是使用「敬語」（높임말）來對談呢？而這之間又有怎麼樣的文化背景存在呢？……本書介紹這些一般的文化現象給大家認識，當然，其中也包括筆者自己的觀察、所得。

但請讀者們千萬不要以爲韓國就如同筆者筆下所形容的「就是這般」，因爲，這些文化都可能改變，我們沒有試圖在這裡對「韓國」這一個國家「他者化」，即是把韓國社會、國家當作一個「靜止化」（static）以及「不會變遷」（undeveloped）的文化實體來看待。簡單的說，就是以一種「東方主義」（Orientalism）的角度來看待他們。

所以，筆者在寫作此書時，時常提醒著自己，迴避著「客觀的貧乏」以及「主觀的膨脹」這兩個原則加以進行寫作。

而此本小書，也希望能爲國內對於韓國文化、社會以及思想領域的研究，作出一個抛磚引玉的動作，也希望眾多前輩、或者是後進們，能寫作出更多有關於韓國文化、思想的介紹書籍，以饗讀者。

我常常認爲：「下一個世代是亞洲的時代」，在經過超過兩百多年的西方資本主義影響，或者是更長時間的西方思潮統治的亞洲，在進入二十一世紀，沉睡中的猛獅——亞洲，漸漸甦醒，今日，身爲亞洲的一份子，我也希望讀者能更加了解一下，這個離我們最近，但同時又是最遙遠的東北亞國家——「韓國」。因爲一個國家之所以能夠強盛、發展，有很大的因素都是見到他國的優點加以學習之，而不是用一種鎖國、內鬥或者是嘲笑他人的方式存在，而這一點，另外一個鄰國——日本的「明治維新」（めいじいしん）已經爲我們作了一個很好的註解，即使日本在透過改革，給了自己國內、世界一場戰爭，但是，悲劇的戰爭是可以避免的，而國家成長是必須的，那麼，臺灣呢？

最後，僅以《詩經》中〈小雅．鶴鳴〉一詩來作爲此序之結尾，也希望讀者藉由這樣的一本小書，可以欣賞到他國的優點，「它山之石，可以爲錯，它山之石，可以攻玉」，見之習之仿之，最終融爲自己所用，這才是促進我們自己成長、面對眞善美世界的最眞實存在。

鶴鳴于九皋，聲聞于野，魚潛在淵，或在于渚。樂彼之園，爰有樹檀，其下維萚。
它山之石，可以為錯。
鶴鳴于九皋，聲聞于天，魚在于渚，或潛在淵。樂彼之園，爰有樹檀，其下維穀。

它山之石，可以攻玉。

陳慶德 謹敬

二〇一四年十月甲午年秋

於國立首爾大學冠岳山

目次

壹、大韓民國介紹

一、國名由來以及現狀介紹

在第一章節，我們首先要來介紹韓國的國名由來，以及論述進入二十一世紀的韓國現況。首先，「韓民族」在朝鮮半島上的歷史上建立了許多國家，所以在一九一九年「大韓民國」此國名出現前，位居在朝鮮半島的國名也是多樣化的。中國史書《尙書大傳》，最早記載商周時代的箕子移民到朝鮮方國，同時也是最早提及朝鮮的文獻。據推斷大約在西元前九〇〇年左右，出現在朝鮮半島的第一個國家爲「朝鮮」，而這時代也常被稱爲古朝鮮時代（고조선시대）。之後，古朝鮮滅亡，朝鮮半島南部成立了許多小國，這些小國中，有勢力的國家是：「馬韓」（마한）、「辰韓」（진한）和「弁辰」（변한），合稱「三韓」（삼한）。

之後的高麗（고려）、朝鮮（조선）時代的名字，基本上是繼承了高句麗（고구려）和朝鮮，而朝鮮末期的大韓帝國（대한제국）的名字，則是來自於三韓。

大韓民國臨時政府（대한민국 임시정부），繼承大韓帝國的名字，把國號定爲「大韓民國」（대한민국），英文翻譯爲：「Republic of Korea」，也就是現在我們熟悉的「韓國」、「南韓」。而之後我們也會詳細地介紹發生在朝鮮半島的朝代歷史

以及事件。

而大韓民國的「大韓」一詞解釋，是來自我們之前提到的三韓國名。而且是在一八九七年高宗皇帝時，首次言及「大韓帝國」這詞；之後，在一九一九年上海臨時政府，則是第一次使用「大韓民國」這個國名；最後在一九四八年七月韓國的制憲國會確立此一國號。而現今大韓民國憲法則明示，大韓民國是一個民主共和國國家。

我們就「大韓」字面上解，首先，「韓」有表示「大」或是「偉大」的意思，而寓含這樣意思的「韓」字，出現在韓國歷史上，新羅時期國王稱號爲「馬力乾」（마립간）或者是「漢罷」（한받，現今大田以前的舊稱呼）等單詞中，而也有一部分的學者認爲，同屬於阿爾泰語系的蒙古語和土耳其語中表示「王」的多與韓國語單詞「瞰」（칸）有關。而用漢語標示的話，分別有「韓」（한）、「幹」（간）、「刊」（간）、「干」（간）以及「漢」（한）等字。且，「韓」的本意又有「井的欄杆」（우물의 난간）的意思，如同「王」一般，圈出自己的領土、勢力範圍。

但值得注意的是，「韓」一詞也經常出現在古代中國國家的名字，如春秋戰國時期的「韓國」，但是此「韓國」跟現今韓國可沒有任何的關連，主要是因爲當初晉國出了一位賢臣——韓厥，公正且能力強，主掌晉國的國政，造成後來的韓趙魏三家分晉，故在中國後人多稱爲「韓國」。

若「韓」指的是一個國家的話，在今日的世界局勢上，指的是受到中國文化影響，在東亞中代表的是「韓國」以及「韓國的文字及簡稱」的意思。

次之，據韓國當地學者研究，「韓」一詞所具有的意思有三十多種以上，如「老天爺」、「一個」、「很多」、「打造成一個」、「統一」、「整體」、「中間」、「中庸」、「中道」、「東方」、「天」、「上帝」等等意思，但是其中最重要的意思乃是：「光明」（관명）。

從歷史上來看，韓國的國號總共換過九次之多，而其中的一貫性，就是韓國的國號中，都包含有「光明」的意思。如「朝鮮」一國名的意思，原本就有「管境」（관경）的之意，字面上的意思就是「朝日鮮明」（조일선명，早晨的太陽十分鮮明、耀眼之意）；而「扶餘」（부여）[1]，則有「東方明亮起來、變得很光明」等意思。「高句麗」的「高」（고），是從建立高句麗的高朱蒙聖帝（고주몽성제）的姓氏而來，而「高」一詞也有「光明」的意思。

故「大韓」一詞有「恢復正確的歷史」、「甦醒民族魂」、「所有人都成爲大韓」以及「在人世間實現大韓」等意思。

而在今日，「大韓」指的就是現今的「大韓民國」，我們簡稱為「韓國」（한국）或者是「南韓」（남한）。就現今韓國發展來說，韓國首都為首爾（서울），人口約五千萬。南韓是二十國集團和經合組織（OECD）成員之一、亞太經合會（APEC）和東亞峰會的創始國，亦是亞洲四小龍和未來十一國之一。自二十世紀六〇年代以來，南韓政府實行了「出口主導型」開發經濟戰略，推動了南韓經濟急速地發展。七十年代以來，國民生產毛額持續高速增長，從一九六二年的八十七美元增至一九九六年的一萬零五百四十八美元，創造出了「漢江奇蹟」。一九九七年，在經過亞洲金融危機後，韓國經濟進入中速增長期。如今，韓國經濟實力雄厚，鋼鐵、汽車、造船、電子、紡織等已成為韓國的支柱產業，其中造船和汽車製造等行業更是享譽世界，現在則逐漸走向以服務業為主。而大企業集團在韓國經濟中占有十分重要的地位，三星、現代、SK、LG和KT（韓國電信）等集團創造的產值，在其國民經濟中所占比重超過百分之六十。

再則，韓國人國民平均總收入於二〇〇七年首次突破二萬美元大關，達二萬一千六百九十五萬美元；但後來因為受國際金融危機影響，二〇〇八年韓國人均國民總收入跌至一萬九千二百九十六萬美元；二〇〇九年下滑至一萬七千一百九十三萬美元。而二〇一〇年韓國經濟增長爲百分之六十二，國民平均總收入重新回到二萬美元大關。

從韓國貿易額層面來看，韓國在一九六四年首次實現一億美元貿易額關卡，之後，在一九七四年和一九八八年分別實現一百億美元和一千億美元目標，二〇〇五年突破五千億美元，二〇一一年度累計出口達五千一百五十億美元，累計進口四千八百五十億美元，成爲全球第九個貿易額突破一萬億美元大關的國家。而二〇一二年貿易總額再次突破一萬億美元，位居全球第八位。截至二〇一二年十二月底，韓國外匯儲備達三千二百六十九點七億美元。到二〇一三年一月底，則爲三千二百八十九點一三億美元，增加了十九點四億美元。至此，韓國外匯儲備規模已連續六個月創新高。

而在二〇一三年一月，韓國央行發布《二〇一二年第四季度及全年國內生產總值》報告顯示，受建築和設備投資減少以及出口和內需市場表現低迷等因素的影響，二〇一二年韓國實際國內生產總值比上年增長百分之二，增速爲二〇〇九年以來最低。預計韓國二〇一三年經濟增長率有望達到百分之二點八。現今韓國已經名列世界銀行、國際貨幣基金組織和美國中央情報局《世界概況》中已開發國家的名單中。

論及韓國的軍事、兵役層面，韓國當地實行義務兵役制。陸軍和海軍陸戰隊服役期爲兩年半，空軍和海軍爲三年，只有罹患嚴重疾病或爲國家做出巨大貢獻的人，才有可能免除兵役。

而總統爲三軍最高統帥。現有總兵力六十九萬，其中陸軍五十六萬，海軍六點七萬，空軍六點三萬，預備役三百〇四萬。軍隊中女性數量約占總兵力的百分之三，而目前韓國也正在考慮實行女性志願兵制度以解決兵力不足。二〇〇八年韓國的國防預算爲二十六點八萬億韓元，占政府財政預算的百分之十五點四左右。

二〇〇六年四月十八日，韓國國防部發表《二〇〇六年至二〇二二年基本國防政策書》，將建立朝鮮半島和平機制等三項內容確定爲基本政策。而在國防政策書中提到的三項基本政策乃是：「在朝鮮半島建立和平機制，和支持南北韓實現漸進統一營造戰略環境」、「積極應對現有的和潛在的威脅，盡可能發展國防力量」，以及「確立符合國家和社會發展的先進國防體系」等三項。

繼之，二〇〇九年五月二十六日，韓國正式宣布加入「防擴散安全倡議」[2]，且於二〇一〇年一月組建「網路司令部」，這個機關的成立，是用來防範國家機密通過網路而外洩。而美國在韓國當地，約有駐軍二萬八千五百餘人。二〇〇九年八月，在韓國本土，韓國與美國一同進行了名爲「乙支自由衛士」的聯合軍事演習，韓美在此次演習中，首次使用新的共同作戰聯合防禦體制，爲的就是在二〇一二年時，美國將戰時作戰指揮權移交給韓方作準備，而其中參與演習的人員包括，來自陸海空三軍等部門逾五萬六千名韓國軍人，以及駐韓美軍和駐紮在海外基地的逾一萬名左右的美國軍人。

二〇一一年六月十五日，韓國軍隊正式成立專門負責延坪島、白翎島等「西海五島」防禦——西北島嶼防禦司令部。西北島嶼防禦司令部以海軍陸戰隊爲主，兼具陸海空三軍兵種。而司令部擁有對包括海軍第六旅團和延坪部隊等一千餘名兵力的現場作戰指揮權。當年度十二月，韓美在第二次海軍會議上宣布，從二〇一二年開始，每年定期舉行兩次韓美海軍反潛聯合軍演。韓國在此會議上宣布，將決定在二〇一五年前成立海軍反潛司令部。

至於世人最常討論到的韓國對外關係，莫過於在它北部的「北韓」（朝鮮民主主義人民共和國，在此書，我們簡稱「朝鮮」或「北韓」[3]）關係。而最近雙方的發展局勢爲二〇〇七年十月四日，時任韓國總統盧武鉉訪問朝鮮，與朝鮮最高領導人金正日簽署了《南北關係發展及和平繁榮宣言》。宣言表示將進一步擴大和發展北南關係，緩和朝鮮半島緊張局勢，並協調發展民族經濟，實現共同繁榮。

二〇〇九年八月十五日，韓國總統李明博發表光復節致辭時，敦促朝鮮棄核，並表示韓國願隨時與朝鮮舉行對話和協商。除此之外，他還宣稱如果朝鮮願意棄核，韓國政府將推動朝鮮半島的新和平構想，積極實施國際合作專案，幫助朝鮮發展經濟，提高朝鮮人民生活水準等等的五項援助開發計畫。

繼之，朝鮮跟韓國在朝鮮半島西部海域的邊界畫分上，一直存在著爭議，主因在於：韓國在其管轄的「西海五島」與朝鮮西部海岸之間單方面設定了「北方界線」，但朝鮮未承認此界線，因此，雙方曾在一九九六年六月和二〇〇二年六月於該海域發生過兩次軍事衝突。

繼之，二〇〇九年十月十四日，朝鮮海軍司令部發表新聞公告，譴責韓國軍艦以管制朝鮮非法捕漁船爲藉口，侵入朝鮮西部領海，要求韓國立即停止對朝鮮領海的侵犯行爲。且在公告中說明，自二〇〇九年九月中旬到十月，韓國這樣管制朝鮮非法捕漁船的類似軍事挑釁動作，一天約有三至四次，已經惹火了朝鮮當地；但是另一方面，韓國的眞正意圖是欲以管制漁船爲藉口，來固守其設定的「北方界線」。而當年度的十一月十日，朝鮮和韓國海軍在西部海域發生交火事件。

但是，除了雙方偶爾擦槍走火的零星軍事事件產生之外，雙方也有交流活動，如：在二〇〇〇年六月韓朝首腦會晤，宣布「六一五共同宣言」之後的幾年間，且之後根據韓朝紅十字會於二〇〇九年八月會談達成的協議，在二〇〇九年九月二十六日到十月一日，數百名韓朝離散家屬在金剛山地區舉行了二〇〇七年十月以來的首次會面，可謂爲平和相處時期。如根據韓國統一部統計，二〇〇八年朝韓貿易額爲十八點二億美元，比起往年二〇〇七年增長百分之一點二，且南北人員往來達十八點六萬人次，同比增長爲百分之十七點三。而在二〇一二年七月，韓國政府發表「促進離散家屬交流計畫」，表示將採取多種措施來促進包括民間管道在內的韓朝離散家屬交流。

但是自李明博政府上臺以來，韓朝關係持續惡化，雙方僅於二〇〇九年和二〇一〇年舉行過兩次離散家屬會面。韓國當地，曾於二〇一二年年初提議就離散家屬會面問題，舉行韓朝紅十字會工作接觸，但未得到朝方回應。

當前，朝鮮把改善韓朝關係當作「非常重大的民族課題」予以積極推動，但韓國仍把朝鮮的無核化當作其對朝鮮政策的重點，韓朝關係將繼續面臨朝鮮核問題的考驗。

但是，二〇一〇年三月二十六日發生令人動容的軍事消息，即韓國船艦名爲「天安號」的警戒艦，在韓國西部海域因爆炸而沉沒，艦上一百零四名官兵中僅有五十八人生還。韓國天安號軍民聯合調查團五月二十日公布的正式調查結果宣稱，天安艦是遭到朝鮮小型潛水艇實施的魚雷攻擊而沉沒。但朝鮮國防委員會表示，拒絕接受這一結論，並要求派團到韓國核查證據，但這一要求遭到韓國拒絕。五月二十四日，韓國總統李明博發表講話，要求朝鮮就天安號事件道歉，表示將禁止朝鮮船隻進入韓國領海，中斷朝韓經貿合作和交流，並將在與有關國家協商後，把這一事件提交聯合國安理會。韓國統一部等相關部門，在同一天也宣布了對朝制裁措施。

二〇一〇年十一月二十三日下午二點三十分左右，韓國和朝鮮在具爭議的「北方界線」附近的韓國西部延坪島周圍發生交火，有軍民四人死亡。

上述，我們依序介紹韓國國名的由來、意思，以及現今韓國當地現況，最後，我們以介紹韓國國旗、國花以及國歌來結束此章節。

韓國的國旗稱爲「太極旗」（태극기），對於太極旗的含意，大韓民國文教部審議委員會在一九四九年三月二十五日，作了底下的規定和說明：

太極旗的橫豎比例為三比二，白底象徵韓國人民的純潔和對和平的熱愛，中央為太極兩儀，紅藍兩色象徵火與水、日與月、動與靜、陸地與海洋。四角黝黑色四卦。太極的圓代表人民，圓內上下彎魚形兩儀，上紅下藍，分別代表陽和陰，陰陽合一代表宇宙的平衡與和諧。晝與夜、黑暗與光明、建設與破壞、男與女、主動與被動、熱與冷、正與負等，作為宇宙中兩種偉大的力量，通過相互對立而達到和諧與平衡。

以太極圖案為中心，四角的卦乾、坤、坎、離，分別象徵陰陽互相調和。四卦中，左上角的乾即三條陽爻代表天、春、東、仁；右下角的坤即六條陰爻代表地、夏、西、義；右下角的坎及四條陰爻夾一條陽爻代表水、秋、南、禮；左下角的離及兩條陽爻夾兩條陰爻代表火、冬、北、智。整體圖案意味著一切都在一個無限的範圍內，永恆運動、均衡和協調，象徵東方思想、哲理和神祕。

而韓國國花是無窮花（무궁화），學名爲木槿，是一種生命力強的花，選定此花爲國花的原因，是用來象徵大韓民國歷盡磨難而矢志彌堅的民族性格。七月至十月，是無窮花綻放吐芯的季節。

韓國的國歌被稱作「愛國歌」。顧名思義，愛國歌是「深愛自己國家」的意思。

而韓國最早創立的民間報刊《獨立新聞》，於一八九六年爲了「愛國歌」刊登很多版本的歌詞，但當時「愛國歌」的旋律尚未決定。

在西元一八九七至一九一〇年大韓帝國時期，「愛國歌」的旋律被韓國軍隊選定爲「軍隊曲」，並且稱爲「大韓帝國愛國歌」。之後，於一九〇二年再經修改，從此「愛國歌」被使用在國家的重要慶典上。

最早的「愛國歌」，是在一九〇七年間爲提升韓國國民的愛國心，以及即使在韓國國權被篡奪，韓國人仍不放棄獨立精神的宗旨下，所進行創作的歌曲，而目前的「愛國歌」歌詞也是經過多次改版後而制訂的。一九四八年大韓民國創立之前的「愛國歌」，一直採用蘇格蘭民歌《友誼萬歲》的旋律；但在日本統治時期（一九一〇至一九四五年），這首歌是被禁唱的，而當時海外的朝鮮人，依然用這首歌曲來表達自己對國家獨立的渴望。

到了一九三七年，旅居西班牙的世界著名朝鮮音樂家——安益泰（안익태），爲「愛國歌」譜下了曲調，而他的作品被在上海成立的大韓民國臨時政府（一九一九至一九四五年）接受，之後，漸漸取代先前蘇格蘭民歌《友誼萬歲》的旋律。一九四八年，大韓民國政府官方宣布「愛國歌」正式使用，此後，所有的學校和公家

機關逐一開始使用。

韓國「愛國歌」全文：

동해물과 백두산이 마르고 닳도록 하느님이 보우하사 우리나라 만세

第一節首句：即使東海水枯、白頭山石爛，有上帝保佑著我們國家萬歲。

（후렴）무궁화 삼천리 화려 강산 대한 사람 대한으로 길이 보전하세

（複唱）底下二至四節：無窮花三千里華麗江山，大韓人民走大韓的路，保全我們的江山。

남산 위에 저 소나무 철갑을 두른 듯 바람 서리 불변함은 우리 기상일세

第二節首句：如同南山上山上披上鐵甲站崗的松樹般，即使有大風大浪，我們的氣魄是永不變動、更改。

가을 하늘 공활한데 높고 구름 없이 밝은 달은 우리 가슴 일편단심일세

第三節首句：秋天的夜空，晴空萬里，我們的心就像皓月一般地不變亮。

이 기상과 이 맘으로 충성을 다하여 괴로우나 즐거우나 나라 사랑하세

第四節首句：以我們的氣魄和忠誠的心，不管是苦難或快樂，來愛國家，此心永不動搖。

二、地理和氣候

韓國位於朝鮮半島，朝鮮半島地處亞洲大陸的東北部，自北向南延伸，全長一千一百公里。韓國的領海與太平洋最西部的海域交會。朝鮮半島北部與中國、俄羅斯土壤相鄰，東部瀕臨東海，與鄰國日本隔海相望。除了與中國大陸相連的半島之外，韓國還擁有三千多個大大小小的島嶼。

朝鮮半島的總面積為二十二萬二千一百五十四平方公里，幾乎與英國或羅馬西亞國家領土大小相當。其中朝鮮半島的百分之四十五，即九萬九千平方公里的土地為可耕地（不包括已經開墾過的土地），除此之外，像葡萄牙、匈牙利或者是愛爾蘭一般，朝鮮半島的山地約占半島領土的三分之二。

而朝鮮半島的太白山山脈沿著整個東部海岸延伸，由於受到東海波濤的沖擊，東海岸形成一片懸崖峭壁和岩石小島。西部和南部坡度平緩，形成平原、近海島嶼以及小港灣。

朝鮮半島有許多風景優美的山川，因而韓國人把這些風景優美的山川稱作為「錦繡江山」。最高的山峰位於北韓與中國接壤的白頭山（長白山），海拔

二千七百四十四公尺，白頭山是一座死火山，山口形成一個名叫「天池」的巨大火山湖。而這個白頭山，也是韓國民族精神最主要象徵，且被寫入韓國國歌第一句中，如同我們在先前提到的：「即使東海水流盡和白頭山剷平，還是有神的保佑讓我們國家萬歲。」（동해물과 백두산이 마르고 닳도록 하느님이 보우하사 우리 나라만세）

繼之，韓國擁有許多河流，而這些河流在形成韓國人的生活方式，和實現工業化成長方面（如「漢江奇蹟」）都起了相當重要的作用。如：鴨綠江（總長七百九十公里）以及圖們江（或稱：「豆滿江」，總長五百二十一公里）是北韓兩條最長的河流，均發源於白頭山，一條向西流，一條向東流，形成半島北部邊界。而洛東江（總長五百二十五公里）和漢江（總長五百一十四公里），是南韓地區兩條主要河流；流經南韓首都首爾的漢江，是古代王國生息與沿江人民的生命線，如今則是現代韓國人人口密集的中部地區重要地。

由於朝鮮半島三面環海，自古以來海洋就在韓國人的生活中發揮著重要作用，爲韓國早期造船業與航海術的發展做出貢獻。

而有關於韓國氣候部分，韓國位屬溫帶氣候區，四季分明。春秋兩季天空晴朗，陽光明媚，氣候溫和宜人。夏天熱，溫度較高，六月到八月是雨季。冬天乾燥，有時降雪較冷，整個冬季出現「三寒四暖」的現象（即三天寒冷，四天溫暖）。而依四季言之，春季為三至五月，氣溫回暖時，平均溫度為攝氏10至14℃左右，可穿輕暖的毛衣或大衣外套，而早春時節常常颳大風下雨，大風帶來中國北方的「黃沙」，天氣變化有時頗難預料；但是到了四月中旬，天氣轉暖，滿山遍野開滿了爭奇鬥豔的鮮花，而韓國農民每年在這個時候平整秧田，準備種植水稻。

夏季為六至八月，此時氣溫轉熱，平均溫度為攝氏26至29℃左右，可穿短袖襯衫、薄外套。而秋季為九至十一月，氣候轉涼，天空蔚藍，景色宜人，在這一季節，有許多源於古代農事習俗的節日，平均溫度為攝氏12至16℃左右，多穿長袖襯衫加輕暖毛衣、大衣外套。至於冬季則是在十二至二月，氣溫酷寒，平均溫度為攝氏零下三到二度左右，多穿羊毛衣、雪衣或厚外套、帽子、皮手套、毛襪。

三、韓國簡史

韓國歷史可以追溯到西元前二三三三年，據說，韓國歷史上傳奇人物——壇君，是天神之子與一位以熊爲圖騰的部落女子所生。而之後這位壇君建立了韓國歷史上第一個王國。歷史學家把韓國這段早期歷史稱爲「古朝鮮時代」。

古代韓國最初以小城邦的氏族社會爲特徵，各小城邦又逐漸合成爲政治結構複雜的部落同盟，最終形成王國。而在這些部落同盟中，位於鴨綠江中游的高句麗（西元前三七至西元後六六八年）最先成立王國。

高句麗富有侵略性的軍隊逐一征服周邊的部落，在《三國志・烏丸鮮卑東夷傳・高句麗》條中，也形容其人性凶殘、喜掠奪；在西元三一三年，甚至攻占了中國樂浪地區。

而百濟（西元前一八至西元後六六〇）是位於今天南韓首都——首爾附近的漢江南方的一個小城邦發展而成，類似高句麗的部落聯盟王國，百濟於近肖古王（三四六至三七五在位）統治時期，發展成一個由貴族統治的中央集權國家。

新羅王國（西元前五七至西元後九三五年）位於朝鮮半島南端，最初是三國中國力最弱小、落後的國家，主要國力不振的原因是由於它地理位置遠離中國，難以受到中國文化影響。但從另一方面而言，新羅卻很容易接受非中國的外來習俗和思想影響，如當時，新羅國家的社會階級特徵明顯，後來產生獨特的「花郎團」和發展出佛教。

(一)統一的新羅與渤海

六世紀中葉，新羅王國征服了鄰近的伽耶王國（從一世紀中葉到六世紀中葉發展起來的一批城邦國家），並且與中國唐朝結成軍事同盟，分別在六六〇年，消滅百濟國，以及在西元六六八年，新羅、唐朝聯軍，攻陷高句麗首都平壤城，滅亡高句麗。而當中國唐朝後來暴露出要將高句麗和百濟納入唐朝版圖的野心時，新羅便以武力相抗。於西元六七六年，新羅將中國人逐出朝鮮半島。

新羅在西元六六八年統一朝鮮半島，並在八世紀中葉達到繁榮強大鼎盛時期。而新羅一直想要建立一個理想的佛教國家，著名的佛國寺，就是在這個統一的新羅時代所建立而成的。但因爲王宮貴族耽溺於安逸奢侈的生活，王國對於佛教崇尚也漸漸衰落。此外，新羅也和被占領的高句麗和百濟等地，具有實權影響的地區領袖產生衝突，終於在西元九三五年，新羅國王正式向新建立的高麗王朝投降。

而這裡所言的新建立的高麗王朝，就是在新羅滅了前高句麗國，於居住在滿州中南部地區的前高句麗人在六九八年建立的渤海王國。

渤海王國不僅僅有高句麗人，還有眾多的靺鞨族人。渤海王國按照高句麗王國的行政結構爲基礎，並且在此結構上建立了五經政權體系，因此，我們可以說渤海王國有著源於高句麗文化的先進文明。

渤海王國的繁榮和強大，在西元九世紀上半葉達到顛峰鼎盛。它占領了北到阿穆爾河，西到滿州南部開元的廣大地區，並且跟突厥、日本建立了外交關係。而渤海王國於西元九二六年被契丹人所滅，其中統治階級有很多人（大多爲高句麗人）遷移到南方，加入新成立的高麗王國。

㈡高麗

儘管朝鮮半島經常受到外來入侵，但是從西元六六八年由新羅統一後，一直都是由一個單一的政府治理，並且保持政治獨立，以及文化和民族傳統。如之後的高麗王朝（九一八至一三九二年）或者是朝鮮王朝（一三九二至一九一〇年），它們對內均鞏固政權，發展文化，對外也曾驅逐諸如契丹、蒙古以及日本人。

高麗王朝的開國君主王建，本是新羅一位反叛王子手下的將軍，他選擇自己的家鄉——松岳（今日的開城）作爲都城，並宣稱要收復高句麗在中國東北的失地，他將王國定名爲高麗，而韓國現在的名稱「korea」就是由此而來。儘管高麗王朝未能收復東北失地，但卻取得以青瓷和佛教繁榮興盛爲其代表的輝煌文化成就。具有同等重要意義的是，早在西元一二三四年，比德國古騰堡早兩個世紀，韓國人便發明了世界最早的金屬活字印刷。大約也在這一個時期，韓國的工匠還完成了在大塊木板上雕刻出全部佛經的艱鉅任務。

而這雕刻佛經的木板有八萬片之多，目的是祈求佛祖保佑他們擊退蒙古人的入侵，而這些佛經也就是後來列入到世界遺產中，收藏在海印寺中有名的《高麗大藏經》。

高麗王朝末年，士大夫和武士之間衝突不斷，而儒教信徒和佛教信徒也是鬥爭不停，使得高麗王朝最終走向衰敗一途。蒙古人入侵高麗始於一二三一年，在這期間，雖然高麗人民和蒙古人進行英勇的鬥爭、戰爭，但是高麗最終仍淪爲蒙古的附庸國長達一世紀之久。

㈢朝鮮

一三九二年，李成桂將軍建立了一個新的王朝，也就是朝鮮。而朝鮮王朝最早的統治者以儒學治國，相對地抵銷在高麗時代占據統治地位的佛教影響。

朝鮮的統治者以良好的中庸政治制度治理國家，當時科舉制度也是選拔官吏的主要途徑。

而在第四代國王世宗的統治時期（一四一八至一四五〇年），國家的文化與藝術達到空前繁榮發展，眾所皆知的當代韓國語來源——「訓民正音」（훈민정음），就是這時候誕生的。

除了韓文的創立之外，世宗還非常重視天文學。如日晷、水漏、天文圖和天球儀都是在他的要求下創造出來的。後來世宗把王位傳給了他的兒子文宗（一四五〇至一四五二年在位），但文宗在位僅僅兩年，就駕崩了，由年僅十一歲的太子，即後來的端宗接替王位。

一四五五年，端宗的叔叔首陽大軍篡奪了王位，成爲世祖國王（一四五五至一四六八年），世祖國王藉由崇尚儒教來提高、鞏固他的統治地位，從此之後，儒教便深深地影響、支配韓國人的生活方式。

一五九二年，日本人爲了對中國發動戰爭，入侵必經之地朝鮮半島，與朝鮮發生戰役。說到韓國人眾所皆知的民族英雄——李舜臣將軍，就是在此時指揮著「龜甲船」在海上與日本人作戰，並且取得一連串輝煌的勝利戰績。而這種「龜甲船」，也被認爲是世界上最早裝備鐵甲的戰船。

在陸地上，自願參戰的農民和僧侶軍隊也奮力的與日本人對抗，一五九八年，隨著日本幕府——豐成秀吉將軍的過世，日本軍隊也開始撤退，戰爭終告結束，而韓國人稱這一五九二年戰役爲「壬辰倭亂」[4]。

十七世紀初，韓國的「實學」運動在思想開明的士大夫中盛行起來，想藉由「實學」來建設一個現代化的國家。他們極力建議改良工、農業，主張大刀闊斧地對土地分配制度進行改革，但是不幸的是，朝鮮統治貴族們尚未準備適應這種巨大變革。

而到了朝鮮王朝後期，王國內部和上層社會不斷產生衝突，爲了糾正這種不良的政治局面，朝鮮國王英祖（一七二四至一七七六年在位）採取了不偏不倚的政策，成功地鞏固王權，並且取得政治上的穩定。

之後繼位的正祖（一七七六至一八〇〇年在位），繼續實施中庸政策，建立了王家藏書樓，收藏王家文件、實錄之外，他還推動了其他一連串政治與文化的改革，而在這個時候，「實學」運動蓬勃發展之，一些有爲、傑出的學者撰寫了大量有關工、農業改革的文章，可惜的是，朝鮮王朝並沒有採納他們的建議。

(四)日本占領與韓國獨立運動

十九世紀初，韓國仍然是一個「關閉自守之國」，堅決反對與西方建立外交和貿易關係，但是具有帝國主意野心的亞洲和歐洲國家，相互對朝鮮半島進行迫害。一九一〇年，日本在戰勝中國和俄國之後，於一九一〇年強行併呑朝鮮半島，並且開始進行所謂的殖民化統治。

日本的殖民統治激發了韓國人的愛國主義情操，如日本人禁止韓國人在學校使用韓語授課的同化政策，激怒了韓國知識份子，一九一九年三月一日，韓國人在全國展開了抗議活動，數千人爲此犧牲，終告失敗作結。

這一事件被韓國人稱爲「三一獨立運動」，是一個韓民族全體的抗爭運動，且超越了宗教、身分以及思想的界線，因此在韓國民族史上，獲得相當高的評價，且因爲此運動者多爲學生以及農民，開啓獨立運動史上的新紀元，以及民族主義的新里程碑，所以至今被韓國訂爲重要的國定假日之一。

雖然三一獨立運動失敗，但是卻加強了韓國人的民族團結，促成有心人士在中國上海成立韓國臨時政府，並且在滿州展開了有組織的反抗日本殖民主義者的武裝鬥爭。

㈤大韓民國成立

在一九四五年日本在二戰中戰敗前，韓國人民一直生活在水深火熱之中。好不容易來到一九四五年，日本宣告戰敗，韓國人光復了朝鮮半島，然而不久，因爲美、蘇冷戰時期所引起的意識型態的分歧，造成朝鮮半島國家的分裂。因爲聯合國大會於一九四七年十一月通過一項決議，要求韓國在聯合國一個委員會的監督下進行大選。

但是蘇聯卻拒絕執行聯合國決議，並且要求聯合國此委員會進入到韓國北方。於是聯合國大會又通過一個新的決定，要求在此委員會能夠到達的地方舉行選舉。因故，韓國首次選舉在一九四八年五月十日於北緯三十八度線以南的地區舉行，而這條線也將朝鮮半島分成南、北韓。韓國爲了建立一個獨立政府的努力，終因美國占領朝鮮半島南部，和蘇軍控制朝鮮半島北部而終告失敗。

一九四八年，李承晚當選大韓民國第一任大總統，而此時，北緯三十八度線以北建立了以金日成領導的共產黨政權。

一九五〇年六月二十五日，北韓無緣無故向南韓發動大規模侵略，引發了一場長達三年的，牽涉到美國、中國和其他外國軍隊介入的戰爭，而整個朝鮮半島遭到軍火洗禮、破壞，終在一九五三年七月簽訂停戰協定。

韓國在這場戰爭中，傷亡人數高達三百萬人，除此之外，成千上百萬的人流離失所，也因此李承晚政府領導的時代，社會上有著嚴重的治安騷動。

繼之，當時的韓國民主並不成熟，國家歷經巨大的政治和經濟困難，最終李承晚總統因爲一次學生領導的起義活動，於一九六〇年四月下臺，而民主黨的張勉於一九六〇年八月組成政府，建立第二共和國。

但是，新政府很快的就被朴正熙少將於一九六一年五月十六日發動的政變所推翻，以朴正熙爲首的國家再建最高會議，接管了政府的立法、行政以及司法權力。而朴正熙也在一九六三年的一次選舉中當選了總統。朴正熙政府時期致力發展、實現工業化，二十世紀六十、七十年代實現了後來稱爲「漢江奇蹟」的高速經濟增長，但是其強勢的統治對人民政治權利和公民自由造成極大的嚴格限制。

而朴正熙於一九七九年十月遇刺身亡，出現了實行戒嚴的過渡時期。代理總統崔圭夏於一九八〇年八月辭職，繼之由強有力的軍官集團領袖全斗煥，通過統一主體國民會議（選舉團）被選爲總統。

二十世紀八〇年代民主運動高漲[5]。一九八七年修改憲法，恢復了直選總統制。在新憲法之下，另外一位將軍出身的盧泰愚當選總統。而在盧泰愚政府執政時期，民主有了長足的發展，爲三十二年來選舉第一位文人總統打下當選的基礎。長期以來從事民主運動的活動家金泳三，以執政黨候選的資格，於一九九二年當選總統。

一九九七年，主要反對黨新政治國民會議領袖金大中當選總統。而金大中政府也被稱爲「國民政府」，是韓國憲法史上第一個由執政黨向反對黨和平移交政權而產生的政府。

之後的幾次民選總統，如後來二〇〇三年當選的盧武鉉總統、二〇〇八年當選第十七屆大韓民國總統的李明博，以及二〇一三年誕生南韓歷史上首位女總統的朴槿惠，都爲韓國民主發展奠定下重要的發展。

而有關於韓國歷屆總統名錄、重要功績，我們也會在後方論及之。

四、韓國憲政與政體

一九四八年七月十七日，南韓公布第一部憲法並按憲法原則建國。在建國後，追求民主的發展，南韓對憲法進行了九次修訂，最新的一次憲法修訂是在一九八七年的第六共和國。

韓國憲法包括序言、一百三十項條款和六個補充規定，而憲法共分十章：總綱、公民的權利和義務、國會、行政、法院、憲法法院、選舉管理、地方政府、經濟和修改憲法。

韓國憲法的基本原則如下：國民主權、三權分立、尋求南北韓和平民主統一、尋求國際和平與合作以法治國，以及國家負責促進國計民生。重要的憲法段落，如同序言中闡明大韓民國的目的是要：「進一步加強基本自由民主秩序」。第十條指出：「憲法確保所有公民作爲人的價値和尊嚴，以及追求幸福的權利。國家有責任確認和確保個人擁有基本和不可入侵的人權」，在第一百〇三條明確規定保證司法的獨立性：「法官依據憲法和法律及其良知，獨立做出審判」，法官「除被宣告爲彈劾或禁錮以上的刑之外」，不得被罷免。一九八七年修訂的《南韓憲法》除了保證司法的獨立性外，還規定建立憲法法院進行違憲審查，並限制總統的權力。

而修改憲法有別於其他立法的特別程序。只有總統或國會的大多數議員可以提請修改憲法。而修改之憲法需經過國會與全民公投一致同意方能生效。前者必須要有三分之二以上的議員贊成，後者必須要在半數以上的合法選民中，超過半數以上的投票贊成。

㈠行政機構

南韓的國家元首是大韓民國總統。總統由南韓國民直接選舉產生，任期為五年，不得連任。南韓總統是南韓軍隊的最高統帥並擁有最高指揮權，而國務總理由總統任命並由南韓國會批准。根據韓國總統體制，總統通過由十五至三十人組成並由其主持的國務會議來行使行政職權。而國務總理作為總統的主要行政助手，監督各部的工作和管理國務調整室的工作。國務總理有權參與制訂重要的國家政策，並出席國會舉行的各種會議。

有兩位副總理處理總務所委派的特別事務。財政經濟部長官和教育人力資源部長官同時擔任副總理的職務。

國務會議成員由總統根據國務總理的推薦任命。他們有權領導、監督自己的行政部門，籌畫重要的國務，代表總統出席國會會議並說明自己的觀點。國務會議成員集體和個人，僅對總統負責。

除了國務會議外，總統還有幾個直接由他本人掌管的部門，來制訂、推行國家政策，這些便是監察院、國家情報院以及中央人事委員會。這些部門的領導人由總統直接任命，但總統對監察院院長的任命須經國會認可。監察院有權審查中央和地方政府機關、國營企業和有關組織的帳目之外，還有權檢查政府部門濫用權責、政府官員的瀆職行爲，而調查出來的結果必須向總統和國會報告。

國家情報院授權蒐集國內外的戰略情報以及有關於顛覆國家、國際犯罪的活動訊息，除此還規劃並協調政府的情報和安全活動。

中央人事委員會成立於一九九九年，主要對於文職人員公正有效的管理。

㈡立法機構

南韓國會是南韓一院制立法機關，共有三百個議席組成，每屆任期四年。其中的二百四十六個席位通過簡單多數制選舉產生，其餘的五十四席通過比例代表制產生。議員候選人必須年滿二十五歲，每一選區以多數票選出一位候選人。南韓國會機構包括議長一人、副議長二人及各專門委員會。南韓國會議長與副議長由國會議員匿名選舉產生，負責主持國會會議。議長的任期按規定不能超出二年。議長和副議長職能獨立於其所在政黨，而且不必是政府官員。

國會議員在國會以外對其在國會內發表的言論，和在國會內所投的票不負責任。在國會召開期間，除非國會議員有罪惡昭彰的犯罪行爲之外，未經國會許可，不得逮捕或拘留國會議員。

國會分爲「定期會議」和「特殊會議」兩種。定期會議於每年九至十二月召開一次，特別會議應總統要求和國會四分之一以上的議員要求召開。定期會議的會期不超過一百天，特別會議的會期不超過三十天，若總統要求國會召開特別會議，必須要明確說明會期以及說明開會的理由事宜。

南韓國會的職能主要包括審議並通過或否決各項法案；審核和批准政府財政預算；檢查政府工作；批准對外條約以及同意宣戰或媾和、彈劾總統和主要政府官員、否決總統的緊急命令等。

而彈劾動議必須經由國會三分之一以上的議員同意提出，必須要有多數議員投票方能批准彈劾動議。而彈劾總統的動議則必須經全體議員之多數同意提出，並且經過全體議員三分之二以上投贊成票方能成立。彈劾動議一旦經國會通過，彈劾案件則必須交給「憲法法院」[6]審判。

㈢司法制度

司法制度由最高法院大法院、憲法法院、六個高等法院、十八個地區法院和一些特殊法院構成，爲三審終審制。

地區法院是受理任何民事和刑事案件的一審法院。南韓目前共有十八個地區法院。地區法院設有四十個分院，還下設有一百〇三個市級法院。地區法院上訴小組有權處理由單一地區法院或分院處理的案件的上訴。市級法院只能負責金額在二千萬韓圓以下、刑期在三十天以內或罰金在二百萬韓圓以下的小案件初審。地區法院分院的職能與地區法院基本相同，但沒有處理上訴的權力。

繼之的「高等法院」是處理地區法院和特殊法院上訴的二審法院。高等法院的上訴法院由三名法官組成。南韓目前在首爾、釜山、大邱、大田和光州設有六個高等法院。

最後為南韓的最高法院——「大法院」，負責處理對二審法院判決的上訴。大法院的判決為終審判決，當事人對大法院的判決不能上訴只能服從。而大法官的任期為六年，不得連任，年滿七十歲必須退位。而大法官的其他法官任期也爲六年，根據法律規定，任滿可被重新任命，但年滿六十五歲必須退位。

韓國政治體系爲立法、司法、行政三權分立。大韓民國總統作爲國家元首擁有最高行政權，由南韓國民直接選舉產生，任期五年不能連任，雖無權解散國會，但有權提名國務總理的人選，經國會批准任命。

「南韓國會」是南韓的一院制立法機關，通過單一選區制和比例代表制結合的方法選舉，每屆任期爲四年。

南韓司法機構獨立於行政和立法機構，其最高司法機構是大法院，成員由南韓總統任命並由南韓國會批准通過。

另外南韓還設有憲法法院，用於保護憲法和保障國民的基本權利。

而目前南韓實行多黨制，主要政黨有新國家黨、民主統合黨、進步正義黨、統合進步黨等，其中中間偏右的新國家黨，和中間偏左的民主統合黨是南韓兩個最大的主流政黨，左右著南韓的政壇。

㈣地方政府

根據大韓民國憲法一百一十七條規定：「地方政府應負責處理與當地居民的福利事務、管理財產，並可在法律和法規的範圍內制訂有關於當地自治的規章制度」。

因此，地方自治法於一九四九年通過，地方議會則是在一九六一年被均政府解散。雖然社會各界呼籲恢復地方自治，但是朴正熙獨裁政府卻拒絕舉行地方選舉。

而二十世紀七十和八十年代，地方經濟飛速發展，加強了爭取地方自治的要求。因此中央政府在八十年代計畫恢復地方自治，而在一九八五年開始，韓國舉行了多次的公聽會和研討會，而有關於討論地方自治議題的文章、書籍，如雨後春筍般湧出。

一九八八年，中央政府修訂地方自治法，區畫分出漢城特別市、六個自治市和九個道，以上被稱爲高級地方政府；而漢城的區、自治市、市（小市）和郡被訂爲低級地方政府實體；這樣的區分是爲了分段推行地方自治。

而韓國於一九九一年三月舉行小行政單位（小市郡和大城市的區）的議會選舉，一九九一年六月舉行了大行政單位（大城市和道）的議會選舉。修改後的法律授權地方議會對地方政府進行檢查和審計，一九九五年舉行了地方政府長官的選舉。

而截至二〇一三年，韓國全國畫分出爲一個「特別市」（특별시）、六個「廣域市[7]」（광역시）、八個「道」（도）及一個「特別自治道」（특별자치도）；以上一級行政區稱爲「廣域自治團體」（광역자치단체），共有十六個。

廣域自治團體以下之二級行政區則稱爲「基礎自治團體」（기초자치단체），全國共有七十三個「自治市」（자치시）、八十六個「郡」（군）、六十九個「自治區」（자치구）。

基礎自治團體以下又分爲面、邑、洞；再分爲里、統以及最基層的班。

綜合以上所言，我們以表格來說明韓國的地方政府現況：

地域	名稱	地域韓文	首府	人口	面積	二級政區
京畿	首爾特別市	서울특별시	中區	9,853,972	606	25區
	京畿道	경기도	水原市	8,937,752	10,136	27市4郡13區
	仁川廣域市	인천광역시	南洞區	2,466,338	958	8區2郡
江原	江原道	강원도	春川市	1,484,536	16,536	7市11郡
全羅	全羅北道	전라북도	全州市	1,887,239	8,047	6市8郡2區
	全羅南道	전라남도	務安郡	1,994,287	11,956	5市17郡
	光州廣域市	광주광역시	西區	1,350,948	501	5區
慶尚	慶尚北道	경상북도	大邱廣域市	2,716,218	19,021	10市13郡2區

地域	名稱	地域韓文	首府	人口	面積	二級政區
慶尙	慶尙南道	경상남도	昌原市	2,970,929	10,518	10市10郡2區
	釜山廣域市	부산광역시	蓮堤區	3,655,437	886	15區1郡
	大邱廣域市	대구광역시	中區	2,473,990	886	7區1郡
	蔚山廣域市	울산광역시	南區	1,012,110	1,056	4區1郡
忠清	忠清北道	충청북도	清州市	1,462.621	7,433	3市8郡2區
	忠清南道	충청남도	大田廣域市	1,840,410	8,590	6市9郡
	大田廣域市	대전광역시	中區	1,365,961	540	5區
濟州	濟州特別自治道	제주특별자치도	濟州	512,541	1,846	2市

※二〇一二年中，掛牌成立的世宗特別自治市不在圖表中，其位置大致在大田以北、忠清北道與忠清南道交界處。

最後，大韓民國都市人口占總人口約百分之八十三點三，最大城市首爾人口近一千萬人，下表所列為大韓民國主要城市人口數：

排名	城市名稱	行政區劃	人口	排名	城市名稱	行政區劃	人口
1	首爾	首爾特別市	9,794,304	8	水原	京畿道	1,071,913
2	釜山	釜山廣域市	3,414,950	9	昌原	慶尚南道	1,058,021
3	仁川	仁川廣域市	2,662,509	10	城南	京畿道	949,964
4	大邱	大邱廣域市	2,446,418	11	高陽	京畿道	905,076
5	大田	大田廣域市	1,501,859	12	龍仁	京畿道	856,765
6	光州	光州廣域市	1,475,745	13	富川	京畿道	853,039
7	蔚山	蔚山廣域市	1,082,567	14	安山	京畿道	728,775
15	清州	忠清北道	666,924	18	天安	忠清南道	574,623

排名	城市名稱	行政區劃	人口	排名	城市名稱	行政區劃	人口
16	全州	全羅北道	649,728	19	南楊州	京畿道	529,898
17	安養	京畿道	602,122	20	浦項	慶尚北道	511,390

五、歷代總統名錄

現今大韓民國的總統（대한민국의 대통령），我們在前提過，是依據大韓民國憲法規定，為國內最高的行政長官，且由全國國民平等、直接和無記名的投票選舉產生。

而過去政治局面詭譎多變，總統選舉制度多變，但是現今大韓民國憲法規定總統任期為五年，不得連任。而總統不得連任的法律規定是確保避免個人長期執掌國家權力，產生獨裁政治。

言及韓國總統選舉制度多變的原因在於，雖然大韓民國於一九四八年成立的第一屆總統選舉，但是當時卻由國會以間接選舉的形式選出。而之後的第二屆至第四屆總統選舉，卻由全民直選選出。而在第一至三屆總統李承晚下臺之後，選期無限期休止，要一直等到新憲法通過，才進行第四屆總統補選，但是這次總統補選又是由參、眾兩院間所選出來的，而在此時一九六一年朴正熙發動軍事政變（史稱五．一六軍事政變），成功奪取政權後，當選為第五屆總統，而從第五屆之後，國民又可以直接投票選舉總統。但到了第八屆總統選舉，又變成了由統一主體國民會議間接選舉選出。

直到全斗煥執政的第十一屆選舉，又改由國民議會間接選舉。而在第十二屆又改由選舉人黨間接選出。一直要到第十三屆韓國總統選舉，才改回全民眞正公平公正地直選總統【8】。

次之，根據現今憲法規定，現任總統傷殘或者死亡的情況時，總理或國務會議成員將可臨時代理總統之職務。

在現行的政體下，總統擔任六項主要職能。首先是總統爲國家元首，在政府系統和外交關係中代表著整個國家。

總統需接見外國使節，頒發嘉獎令和授勛並實施大赦。總統有義務維持民族獨立、領土完整、國家的連續性和維護憲法。此外，總統的特殊使命是爲了南北韓民族的和平統一而奮鬥。

繼之，總統身爲最高行政長官，有責任推行由立法機關通過的各種法律，並通過發布命令和訓令來使得法律得以實施。總統全權領導國務會議、各類諮詢機關和行政部門。總統有權任命大韓民國的官員，包括總理和行政部門的長官。

第三，總統是全國武裝力量總司令，擁有廣泛的制訂軍事政策的權力，當然也包括與他國的宣戰權。

第四，總統是具有全國性組織的執政黨領袖，可根據執政黨的推薦，指派行政部門的高級官員。

第五，總統是首席的外交官和外交政策的最終決策者。總統有權力任命和派遣外交使節，與他國簽訂條約。

最後一項，總統也是主要的政策和法律的制訂者，可以向國會提出立法議案，親自或者以書面形式向立法人員說明自己的觀點。總統無權解散國會，但是國會可以利用彈劾程序使總統最終對憲法負責。

而我們在前方提到，總統由國民直選產生，任期爲五年，而韓國總統中心制訂於一九四八年七月十七日大韓民族憲法公布時開始實施，歷屆當選的總統如下所述：

第一至三屆李承晩（이승만，一九四八至一九六〇年），第四屆尹普善（윤보선，一九六〇至一九六二年），第五至九屆朴正熙（박정희，一九六三至一九七九年），第十屆崔圭賢（최규하，一九七九至一九八〇年），第十一至十二屆全斗煥（전두환，一九八〇至一九八八年），第十三屆盧泰愚（노태우，一九八八至一九九三年），第十四屆金泳三（김영삼，一九九三至一九九八年），第十五屆金大中（김대중，一九九八至二〇〇三年），第十六屆盧武鉉（노무현，二〇〇三至二〇〇八年），

第十七屆李明博（이명박，二〇〇八至二〇一三年），第十八屆朴槿惠（박근혜，二〇一三年——）。

韓國人十分關心政治，所以稱呼總統或者是當時的政府也有多樣的名稱；如李承晚總統的時期爲：「自由黨時期」（자유당 시절）、朴正熙總統時期爲「第三共和國」（제3공화국），全斗煥總統時期爲「第五共和國」（제5공화국），有趣的是，相對於非從軍人出身的金泳三總統時期，韓國人少用「共和國」一軍事語言詞來指稱當時政府，反倒是用「文民政府」（문인정부）來稱呼當時的政府。

除此之外，大韓民國的歷代總統，引導著韓國此一國家歷史前進，如李承晚總統爲民主共和國打下基礎，但是卻在經歷了政治分裂、六二五民族（即我們後來稱爲的「南北韓戰爭」、「韓戰」）相殘的艱難和充滿悲痛的時代，末年因爲終身集權的權力欲望，於一九六〇年四月十九日革命後得到獨裁者的汙名而辭職。

尹普善總統經過四一九革命，成爲新建立的第二共和國內閣責任制下名義上的國家元首，但因爲和掌握實質權力的內閣總理不合，引發軍事政變。而軍事政變之後還要替軍政府圓謊以及受到政治人懷疑的眼色，故於五月十六日後擺脫軍政府而辭職之。

而這時，朴正熙領導五一六軍事政變，以軍人精神平息了當時政治上的混亂。而二十世紀初六十年代，朴正熙爲了使韓國擺脫艱難的困境，開始制訂經濟發展五年計畫，以及發展農村的新農村運動，成功復甦韓國經濟，被稱爲「漢江奇蹟」（한강의 기적），連美國《時代》雜誌，也把朴正熙評價爲二十世紀二十位亞洲最有影響力的韓國人，但同時他的鐵腕及獨裁統治也受到不少反對者的批評，因爲偉大經濟發展的背後，是加大他與國民間的矛盾，最終於一九七九年十月二十六日，被中央情報部長金載圭刺殺而結束生命；而二〇一二年大韓民國總統選舉，朴正熙長女——朴槿惠獲勝，成爲韓國首位女總統，而在歷史上朴正熙與朴槿惠是第一對在東北亞國家出任總統的父女。

崔圭夏總統因一九七九年十月二十六日事件成爲代理總統，同年十二月六日在統一主體國民會議中當選爲總統，但是因爲受到新軍事政府的壓力，於一九八〇年八月十六日辭職，成爲韓國歷史上任職最短的總統。

繼之，全斗煥總統時期，發生韓國著名的五一八光州民主化運動，經歷了政府和國民之間最矛盾的時期，但是他在任期的二十世紀八〇年代，由於經濟持續發展，韓國於一九八八年舉辦了漢城奥運。

盧泰愚總統簽署了韓半島無核化宣言。這舉動是向世界宣布韓國永遠不會擁有核子武器的承諾。但是因爲金泳三政府時期，盧泰愚因爲「內亂謀反以及軍事叛變」的罪名，被判處十五年有期徒刑，且追繳罰金二千六百二十九億韓元。

到了二十世紀九十年代，非軍人出身的金泳三總統當選總統，這一時期才被國民稱爲「文民政府」（문인정부）。

而金大中總統任期，被國民稱爲「國民政府」，因爲金大中特別關心南北關係政策，於任期對北韓多採取包容態度，在韓國歷史上，有所謂的「陽光政策」（햇볕정책）的出現，其中包含現代企業開發朝鮮金剛山觀光事業、協助開發朝鮮開城工業區，「東海線」與「京義線」兩條鐵、公路接軌工程、朝鮮派代表團參加在釜山舉行的第十四屆亞運等，更於二〇〇〇年六月中旬，金大中與北韓領導者金正日，於平壤舉行兩韓高峰會談，並且發表了「六一五共同宣言」，之後促進了兩韓部長級會談。

而在二〇〇二年十二月十九日，舉行的韓國第十六任大總統選舉，由執政之千年民主黨候選人盧武鉉，打出「世代交替」、「清算陳舊政治」等強力口號，映照出「三金（金大中、金泳三、金鍾泌[9]）」的時代即將結束，之後已接近半數（48.1%）的獲票率，當選總統。而盧武鉉當選總統之後，被國人稱爲「參與政府」（참여정부），

因爲國民可以在網路上自由參政議事。而盧武鉉的「參與政府」上臺將近三年以來，在初期雖然繼承了之前對北韓包容態度的「陽光政策」精神之外，他也努力改變美國在韓國的勢力「美主韓屬」的不平等關係，力圖提升韓國地位，跟美國是屬於「平等伙伴」的同盟關係，但是無奈現實環境，幾番波折之後，盧武鉉在晚期可謂捨棄了競選時間與就職初期的精神，快速修改了自己政策立場，除了同意派遣工兵等軍隊赴伊拉克支援盟軍，以及提供一千萬美元的人道援助之外，才緩轉因盧武鉉初期的政策，導致美國與韓國之間冷淡疏遠的關係。

最後，盧武鉉總統因涉嫌貪汙，於二〇〇九年五月二十三日，在電腦中留下遺書之後，於私宅後山的貓頭鷹岩投身自殺。

而李明博於二〇〇二年七月一日當選爲第三十二任首爾市長，任期四年，其任內最重要的政績，除了曾向公眾遊說四千多次終於在二〇〇五年九月完工的清溪川整治工程之外，還有另外一項是：建立位於漢江漢城的森林公園工程，此公園有四十萬株綠樹和一百多種動物，其中包括小鹿和麋鹿，規模可與紐約中央公園和倫敦海德公園相比。

在李明博任市長的四年時間，他徹底改變了漢城，甚至在二〇〇五年將「漢城」

（한성）中文一名改名以英文發音的「首爾」（서울），把漢城打造成一個具時代感之國際大都市，因著其出色的環保工作，美國《時代週刊》二〇〇七年十月提名李明博爲「環保英雄」。憑著以上許多政績，李明博於二〇〇七年以百分之四十八點七當選爲大韓民國總統，成功締造韓國第二次政黨輪替。而在總統任期，李明博修正對北韓的陽光政策，強力要求北韓放棄核武，並會重點修復和強化美韓同盟關係，這間接導致他任內與北韓關係十分緊張。二〇一〇年北韓炮擊延坪島後，南北韓全部經貿合作中斷。

而在李明博之後，繼任者爲二〇一二年十二月十九日總統大選時，以百分之五十一點六的得票率擊敗民主統合黨的文在寅律師，當選韓國第十八屆總統的朴槿惠，亦是韓國史上第一位女性總統，同時也是韓國唯一父女皆任總統之例。

而朴槿惠的成長背景以及從政經歷相當複雜、坎坷，一九七四年八月十五日，北韓指使日裔北韓藉殺手文世光，於韓國國立劇場行刺當時的總統夫人（即朴母陸英修）。陸英修中槍身亡，終年四十九歲。身爲長女的朴槿惠匆匆從法國返回韓國，臨時充當第一夫人之外，在一九七九年十月二十六日，當時的總統朴正熙，即朴父亦遭中央情報部長官金載圭刺殺身亡，終年六十二歲。顯赫的第一家庭蒙上難以形容的陰影，使得朴槿惠的身心嚴重受創。而在一九八二年，朴槿惠擔任韓國嶺南大學理事長之後，一九九八年首次當選國會議員，立即出任大國家黨（今新國家黨）副總裁，二○○二年五月訪問北韓，在平壤會見當時的最高領導人金正日，通過板門店回國，二○○四年至二○○六年，她出任大國家黨代表。二○○五年五月二十四日，訪問北京，會見時任中共中央總書記兼中國國家主席——胡錦濤。二○○六年五月二十日，朴槿惠在首爾參加大國家黨市長候選人競選活動時，遭到不明身分男子用文具刀割傷臉部，醫生爲她縫了十七針。二○○七年，參與大國家黨總統選舉黨內初選，但以些微差距敗於李明博。二○○八年，被當時總統李明博委任爲特使，出訪中華人民共和國。同時在當年也獲得韓國科學技術院名譽博士。二○一一年至二○一二年，她再度出任新國家黨黨魁，擔任緊急對策委員長（大國家黨二○一二年二月改名爲新國家黨），最終她適二○一二年當選總統，達到政治生涯高峰：而朴槿惠的勝選締造五項韓國第一：第一位女總統、第一位第二代的總統（父女總統）、第一位未婚的總統[10]（亦無子女）、第一位得票率過半數且得票最高的總統（自韓國一九八七年民主化以來），以及第一位主修工程學出身的總統。二○一三年二月二十五日，朴槿惠正式宣誓就職第十八任韓國總統。

貳、韓國食、衣文化

一、辣、調味醬，以及泡菜飲食文化

我想一提到韓國料理的第一個印象，一定就是「맵다」（辣）；的確，韓國人嗜愛吃辣，不論是餐桌上配菜的泡菜，小吃的「辣炒年糕」（떡볶이），或者是主食，正可謂：「無辣不成禮」。而韓國人嗜愛吃辣的原因，一方面除了是韓國天氣冷，吃辣可以促進身體溫暖之外，還有韓國人喜歡用「양념」（調味醬）的關係。

爲什麼說韓國人嗜愛調味醬呢？因爲韓國人相信，在每道飯菜中，依據菜色的不同，搭配適合的調味醬，可以把味道提出來，讓食物更顯鮮美。所以，介紹韓國飲食文化，不能不提的就是韓國的「辣」以及「調味醬」這兩大特色了。

我們說到，韓國菜的特色屬辣，大多是因爲韓國人喜歡醃製食物。就地理位置來看，韓國地屬寒帶，四季分明，古代食物獲得不易，爲了確保食物分量，韓國人以醃製法來保存食物。而醃製出來的食物，配上辣醬，更可使人在寒冷的冬天，保持身體溫暖，我想很多人都有吃過辣泡菜而冒出一身汗的經驗吧！

再者，造成韓國菜「辣」的原因，最主要是在於他們使用調味醬料，說到韓國的醬料有多麼發達，我們可以舉幾個簡單的例子，韓國人喜歡針對不同食物，選用不同

的醬料來作搭配，如一般的石鍋拌飯，他們選用的就是「辣椒醬」（고추장），用來搭配攪拌著生菜、雞蛋、肉絲以及白飯等等，當然這種在市面上隨手可得的「辣椒醬」也普遍應用在其他料理之中；繼之，在韓國鍋湯類中，如搭配白飯食用的「味噌鍋」（된장찌개）中，嫩白的豆腐浮潛在一道鮮紅的紅湯上，其中當然也是加入了所謂「味噌醬」（된장）；而吃韓國烤五花肉時，除了大盤小盤的配菜之外，在餐桌上最不能缺少的，就是搭配烤五花肉沾的「甜五花肉沾醬」（쌈장），甚至，在韓國境內有間烤五花肉的餐廳，強調他們的肉片有八種口味，也就是醃製八種調味料而成，即有「人蔘、紅酒、原味、香草、松葉、咖哩、味噌以及辣椒醬」等八種味道，所以店名取名爲「八色烤肉」（팔색삼겹살）；而韓國人在吃海鮮時，也有所謂的「海鮮沾醬」（초고추장）等等。

談完出現在韓國菜中各式各樣的調味料後，我們可以說，韓國人的餐桌上一定少不了調味醬這一味，而我們在這裡可別忘記韓國的代表食物——「泡菜」（김치）；根據韓國當地報導，韓國人平均每年都會吃進去四十磅（約十八公斤）的泡菜。看似簡單的泡菜，也會依著所加的醬料不同，而呈現出不同的泡菜口味，如簡單的泡菜種類就有好幾種：「蘿蔔泡菜」、「白菜蘿蔔泡菜」、「黃瓜泡菜」、「餡黃瓜」（用

蘋果、梨子來製作成泡菜）、「包飯泡菜」、「芥菜泡菜」、「蘿蔔莖泡菜」、「水泡菜」，以及「綜合海鮮泡菜」（爲泡菜中最名貴者，泡菜中有鮑魚、牡蠣以及章魚等等海鮮混合在其中）。

談到「泡菜」這韓國的代表食物，可有著大大的學問。泡菜一詞原名可對應漢字的「沉菜」（딤채），原因在於，古代當時用來製作泡菜的原料是酸菜，或者是鹹菜，而在醃製過程中，取菜沉於水中之貌而命名，爾後，語音訛變才成爲今日之名。有趣的是，當代韓國醃製泡菜的主要食材——大白菜，並非朝鮮半島上的土產，而是在中國明代時期才傳入的。

但不論當初是以沉菜爲食材，或是現今以大白菜爲食材的泡菜，它們的製作方法都跟「醃製法」有關；而醃製的過程是：初冬時，採收整棵大白菜之後，豎著對剖爲兩半，或者不剖，然後把自製的辣醬混合蒜、乾蔥頭、洋蔥、辣椒、草菇乾、辣椒乾、梨磨粹及蘿蔔、蘿蔔條絲等等配料，或者是搭配個人喜好，再加上魚露、搗碎了的蝦及其他海鮮，均勻地塗抹在每片大白菜上面，然後層層包好，放入甕缸裡貯存等待泡菜醃製成熟再食用。而泡菜貯存得愈久，味道就愈好，當然，這些貯存泡菜的地方一定要保持環境乾淨、衛生。但由於新一代的小家庭都住在公寓，年輕的韓國人也漸漸忘了如何醃製泡菜，多半是購買現成的泡菜，或是把上一代，如媽媽或奶奶醃製好的泡菜，放在自己家中專門貯存泡菜的「泡菜冰箱」中來食用。

從塗抹於泡菜上面的醬料、食材可以看到醃製泡菜的方法之外，韓國人根據醃製食材的不同，又可以區分出「泡菜類」、「泡菜塊類」、「泡蘿蔔類」、「醃菜類」、「鹹菜類」、「食醢類」等等泡菜種類。因爲大白菜本身就含有各種豐富的纖維素、維生素A、B、C之外，熱量又低，在隨著泡菜發酵作用後，泡菜還能產生抗菌作用，對食用者而言，可以針對肥胖、高血壓、糖尿病以及消化系統癌症的疾病，有事先預防以及治療效果。除此之外，泡菜蔬菜類的液汁和食鹽等複合作用之後，還會產生淨化腸胃的作用，促進胃腸內的蛋白質分解，並使腸內微生物（乳酸菌）的分布趨於正常化。

在現今韓國，當地人也對「泡菜」食品甚爲重視，甚至成立所謂的「泡菜博物館」來促進他們的「泡菜觀光產業」，如一九八六年，在首爾三成洞成立的「普五元公司的泡菜博物館」（풀무원김치박물관）就是最好的例子，館內除了展示各種泡菜演變歷史、種類、醃製方法、記載泡菜事宜的考古文物或者是書畫文獻資料，和保存的方法等等之外，爲了讓一般人可以清楚地明白泡菜的製作過程，還分別展示出醃製泡

菜的甕、石臼、醬等工具，在博物館的資料室裡，還可以找到記載和泡菜有關的文獻資料；在試吃室則可以試吃到各式各樣的泡菜、黃瓜以及蘿蔔等等。

且韓國當地，每年也會舉辦一次泡菜節日慶典，向世界介紹他們的泡菜文化，在這樣的泡菜節日慶典中，我們看到根據韓國地方的不同，每個地區、道的著名泡菜也不一樣，如全羅道以「蘿蔔泡菜」（동치미）、「芥菜泡菜」（갓김치）聞名；而慶尚道以「韭菜泡菜」（부추김치）、「牛蒡泡菜」（우엉김치）以及「蘇子葉泡菜」（깻잎김치）聞名。而泡菜在二〇〇六年被美國時代華納《健康雜誌》評爲世界五大最健康食品之一[1]。

但是，在這種辣以及愛加醬料的韓國飲食文化中，有沒有缺點呢？有的！在韓國當地，位居死亡原因之首的就是癌症，而這癌症也包括「胃癌」。爲什麼「胃癌」榜上有名呢？主因在於韓國人愛吃辣，又愛喝酒，外加禁菸餐廳沒有這麼普遍，幾乎一般民間經營的私人餐廳，大家都可以在酒足飯飽之後，隨時在室內點菸抽，餐廳老闆也不會加以制止。所以，在無形之間也就增加不少癌症危險因子。

此外，因爲韓國醬料味道實在太重，有時在韓國當地一頓飯吃下來後，到了學校、辦公室，身邊的人都可以聞出來，剛剛進來的人吃了什麼東西。所以，在進入韓國餐廳時，尤其是有著濃濃味道的烤肉店，餐廳老闆索性就會給客人一個大塑膠袋裝衣服，免得讓客人外套上沾了氣味；而在餐廳櫃檯上，或是韓國人家裡也好，必備的家庭用品就是一罐罐清香劑。這樣的清香劑，不是用來噴灑在家裡面的，而是在人們吃完飯菜汁後，噴灑在沾滿濃濃醬料的外套、衣服上，保持衣服味道清新之用。

最後，也就是因爲這些「辣椒醬」，在調配中難免有胡椒粉、根粉之類的混在其中，韓國人吃完飯一個不小心沒有整理好門面，往往可以看到對方牙齒上黏著胡椒，眞是尷尬；而中午、晚餐用過餐後，韓國人爲了去除口腔醃製食品的醬料味，一定都會自備牙膏、牙刷，來到廁所洗手檯刷牙，所以在韓國的廁所中，看到一堆人擠在洗手檯前面刷牙的話，可別覺得奇怪囉；學校外面的一些韓國餐廳則是會在結帳的櫃檯上方，放置薄荷糖，讓客人食用，好去除口腔的異味。

而這也就構成韓國的辣、調味醬以及泡菜文化了。

二、餐桌禮儀以及外送發達的國家

我們介紹完韓國料理的特色，即辣、調味醬以及泡菜之後，這一章節，我們要來繼續介紹韓國餐桌上的禮儀。

在一般人的概念中，認爲韓國人很「團結」，的確，韓國人喜歡團體活動，連吃飯也是。我們常常可以看到公司上班族也好，或校園內的學生族群也罷，往往在中餐、晚餐時刻，都可以看到一群人成群結隊地到餐廳用餐，這樣的好處當然是趁用餐時間，彼此互相增進感情或是聊聊工作、學習上的狀況，所以在韓國很少看到一個人單獨用餐的狀況；舉例來說，在韓國當地普遍常見的烤肉店，通常老闆很少願意開伙給一個人，即單獨前來用餐的客人，因爲不合成本，除非他一個人點兩人份的肉類。在韓國當地，韓國人自己也認爲，獨自一個人在韓國用餐是很恐怖的（혼자 있기엔 너무나 두려운 세상이다.）。

而在韓國人用餐禮儀上，若是吃合菜之類的飲食，是得由長輩先動筷才行；而在吃飯時，不似日本人爲了表示飯菜鮮美，在進食時故意發出聲音來表示好吃，反而是要細嚼慢嚥、不出聲才成禮貌；除此之外，若是同樣在吃合菜類，韓國人習慣只夾自己桌前的菜，不好意思伸長手到遠處夾菜，而當若要吃放在離自己比較遠的菜餚時，往往會請隔壁的人幫忙夾；當然，在餐桌上時，也嚴禁擤鼻涕，會讓人家覺得很沒有禮貌，不衛生。

但是，擺脫掉路邊攤一隅，在韓國當地，私底下親密朋友之間，或是同事間，公筷母匙的習慣還是不常見。除此，在吃飯時可以互相喝對方的湯，或者看到對方不想吃的飯菜，也可在詢問之後，夾到自己的碗盤食用，更如同韓國人在酒席上敬酒時，大家會同用一個杯子來飲用，表示親密、親切。

繼之，韓國人吃飯習慣「配湯」，所以我們可以看到韓國料理中，很多都是「鍋類」（찌개）的菜色，如泡菜鍋、雪濃湯（牛骨湯）或是人蔘雞等等，都是以「湯」類爲輔的菜色，不像臺灣人喜歡在吃飯時配冷飲；而在這樣一鍋鍋的湯類食物，如泡菜鍋，或者是豆腐味噌湯，韓國人會把一碗白飯倒進去鍋類攪拌吃，用到筷子機會可以說是比較少的；韓國人也沒有手拿飯碗的習慣，因爲若是在吃飯，拿起碗扒飯吃，會讓人覺得對方好像餓了很久，所以才忙得「扒飯」吃飽，極度不禮貌，所以大多數的韓國人還是用湯匙吃飯的多。

最後，跟大家介紹一個很有趣的文化現象；很多人問爲什麼韓國的筷子是扁平狀的，而不像臺灣的筷子是圓形，或者是如同日本的筷子前端是尖的呢？我們經常可以看到，韓國料理在上菜時，大多以一個圓盤端上來，而在這圓盤上有一道主菜，以及四、五盤的小菜，因此，若是在圓盤上放上一雙圓筷子，難免會滑落，丟三落四的，故採取扁平方式，方便置放，這就是韓國筷子之所以扁平的原因；除此之外，韓國人嗜愛吃泡菜，有時候泡菜沒有剪好，太大塊不易入口，這時候筷子做成扁平的話，也方便切割泡菜用【2】。

前文，我們說到在韓國當地，韓國人單獨一人上餐廳吃飯的現象，極爲少見，因此韓國餐飲業，也就流行起「外送」（배달）的服務。外送，顧名思義就是「餐廳送菜到家」、「叫外食」等服務。韓國外送服務特別發達，比如天氣冷、下雪，不想出門，就可以打通電話外送炸醬麵到家，連一碗麵或是水餃一盤，韓國餐廳也有外送服務，而這些外食費用，基本上大約從四千五百元起跳。

在外送文化中，如炸醬麵的外送，因爲他們不是用免洗碗盤外送，而是用店內的碗盤裝著熱騰騰的麵條送到家，所以當我們吃完之後，也不用洗碗盤，直接把碗盤放進外送人員送麵過來附贈的、寫著外送店名的垃圾袋包起來，放在家門口，過沒多久，就會有外送人員再回來回收；有趣的是，如果我們常叫某家餐館的外送服務，電話打過去，連我們要送來的地址都不用說，老闆早已經把客戶的電話號碼歸類好了，這時，我們只要點要吃的東西，馬上就幫我們送來，不會再多一道手續詢問欲外送的地址。

除此之外，韓國外送可說「隨時隨地服務」。有時候，天氣晴朗的春天，大夥在漢江公園聊天喝啤酒，看到外送的炸雞傳單，打電話過去，即使沒有如同家裡門牌上準確的地址，外送人員還是可以找到要求外送的客人，來進行外送服務；而支付外送費用的方式除了付現金之外，還可以刷信用卡（外送人員會帶著一臺刷卡機器前去），此外，尚有電腦的電子銀行線上轉帳，或者是用手機小額付款，支付方式很多樣化、方便。

最後，韓國人叫外送最常點的，除了炸醬麵之外，就是宵夜餐點了。當半夜想吃宵夜、又不想去酒吧點昂貴的下酒菜吃的話，往往就是叫外送的最佳時間。大約從晚上十點到半夜一點，是外送人員最忙的時候，這時在路上經常可看見騎著摩托車外送的人員。而韓國人最常點的外送宵夜排名，第一名就是是炸雞（치킨），次之爲比薩（피자），或者是豬腳（족발）之類的熱食，而這些外送服務大多會有折價劵（쿠폰）給客戶，比如同一家店，炸雞外送滿十次的話，集滿十張折價劵，就免費招待一隻外送炸雞之類的促銷活動。

但是，可別忘記我們提過，在韓國，一個人獨自吃飯很困難，外送也是如此，因爲在韓國外送服務，如炸雞，一隻雞大約韓幣一萬兩千元，兩隻雞的份量，大約韓幣一萬七千元，這樣子相較下來，韓國人吃宵夜、叫外送，也得大夥團體活動，一起叫比較划算囉。

三、特色食物介紹

當我們介紹完韓國料理的特色、餐桌禮儀以及發達外送服務等幾方面之後，接下來，我們就要開始介紹幾項韓國特色食物，來作爲韓國食文化的結束，之後再進入到下一段落：韓國衣文化的介紹。

而在這裡，筆者要介紹的韓國特色食物分別有：人蔘雞、蛹、炸雞、雪濃湯（牛骨湯）、補神湯以及炸醬麵等等。

(一)人蔘雞

首先是人蔘雞（삼계탕，或者又譯：「蔘雞湯」），這道料理，我想是大家跟韓國緊密聯想在一起的食物。人蔘雞主要是以全隻嫩雞，有的則是童子雞或是黑骨雞爲主要食材，把雞的內臟挑出清洗乾淨之後，在腹中塞入糯米、佐以紅棗、薑、蒜和人蔘長時間燉煮，在食用時，配以蔥、鹽以及胡椒提味。

而因爲人蔘雞本身已經經過長時間燉煮，品質好的人蔘雞，在食用時，筷子可以

輕易的插入雞肉裡，且雞骨在經過長時間燉煮之後，已成外酥內軟，可輕易食用；而人蔘燉雞湯除了具有大補元氣、固脫生津、安神的效用之外，也適用於減緩勞傷虛損、食少、倦怠、健忘、眩暈頭痛、陽痿、尿頻以及氣血津液不足等症狀。所以，韓國人在日常生活中食用人蔘雞的人也不少。特別是在一年之中，最熱的夏天「三伏天」（삼복）中食用，因為，韓國人相信「以熱治熱」，最熱的天氣吃熱的人蔘雞最提神。

(二)「蛹」（번데기）

其實這算是韓國的一種小吃，或是在酒吧裡招待的下酒菜。但是蛹肉味道極為鮮濃，讓筆者留下極深的印象，雖然煮食的方式類似臺灣燒酒螺，加入大量的醬油、辣椒提味，但是來到韓國，要讓人吃下這富含高蛋白質的蛹肉，確實令人遲疑。

(三)「炸雞」（치킨）

「炸雞」是韓國人宵夜排行榜第一名的食物。而在韓國當地，炸雞以款式多為著

名，基本的炸雞口味，有原味炸雞、咖哩口味、甜辣醬口味、烤牛肉口味、辣椒口味或是醬油口味等等，或者是在炸雞上加上一層層濃厚的起司也有；而在韓國境內又流行所謂的「蔥雞」（파닭），即是在炸雞上灑上一大把的洋蔥來去油膩味，或者是爲了增加口感，而在裡面加上幾塊辣炒年糕來搭配食用的也有；而除了炸的烹調方式之外，也有單純的巴ＢＢＱ（barbecue）烤雞，好滿足消費者擔心炸雞太油，一吃就會長肉、變胖的需求。有趣的是，韓國人減肥時，也愛吃純煮雞胸肉，因爲他們認爲吃雞胸肉不會變胖。

大家知道在韓國哪一天是雞最倒楣、且被宰殺最多的日子嗎？那就是每四年的世界盃足球賽韓國隊出場比賽的日子，雞當天就要宰掉好幾百萬隻，因爲那時候，韓國人習慣到炸雞店看球賽，或者在家裡爲韓國隊加油時，吃炸雞、叫炸雞外送的服務就是不可或缺的呢。

㈣雪濃湯（설렁탕，牛骨湯）

先從字面上解，「雪濃湯」一詞是直接從韓語拼音文字翻譯過來的，源自於李氏

朝鮮時期成宗親臨「先農祭」（선농제）賜宴百姓時而發明的。

此湯其實就是利用牛膝骨下去熬煮的高湯，因膝骨有著豐富的膠質，牛骨經過長時間的熬製，並經由廚師不斷撈去上面浮出的油脂，最後剩下來的，就是牛骨的精髓，而這牛骨的精髓呈現乳白色，一道羊脂白玉般溫潤精華的高湯，因故而得名。

在其高湯中，韓國人嗜愛加入少許麵條，或是依照個人喜好，加入白飯，以及搭配湯中的牛肩五花肉片一起來食用，可稱爲一絕的韓國料理；在調味醬方面，韓國人一般只用蔥和鹽調味，除此之外，韓國人也相信「雪濃湯」有醒酒的作用，所以經常可以看到一大清早，街道上賣雪濃湯的餐廳還沒有關門，徹夜營業，主要就是爲了幫那些宿醉者醒酒，賺醉酒客的錢。但是，在韓國境內，有些賣雪濃湯的不肖業者，爲了追求讓「雪濃湯」看起來更好看，不惜在湯內加入化學原料，使雪濃湯湯頭看起來更白、更可口，雖然業者賺飽了荷包，卻是傷害食用者的胃啊！而在韓國當地社會，也曾經爲了這樣層出不窮的雪濃湯「造假」新聞引起陣陣的軒然大波。

㈤補神湯（보신탕，又譯：「補身湯」、「狗肉鍋」）

韓國人吃狗肉一直是世界聞名，也一直被人家「誤會」，而狗肉鍋在韓國有個另外的名字爲「四季湯」（사절탕），也就是一年四季都可以食用的鍋類，尤其夏天之際，韓國人食用狗肉鍋最常，因爲韓國人認爲「以熱治熱」，夏天吃狗肉可以讓自己疲勞、易中暑的身體恢復精力；而在朝鮮半島食用狗肉的歷史可以追溯到古代，在慶尚南道昌寧出土的新石器時代遺跡中，就有發現狗骨頭的遺跡；而出土於西元四世紀文物，黃海南道的高句麗墓葬群內的繪畫上，也有描繪著一隻在倉庫中已被屠宰的狗；且在韓國歷史的發展上，也可得知渤海人嗜愛吃狗肉，而此傳統似乎從那個時代就已經開始流傳起來了。

但是，爲什麼韓國人喜歡吃狗肉呢？因爲我們考量到韓國環境，地屬天寒，古代食物大多以保存期限長的醃製類食物爲主，那麼肉類當然是以就近取得的爲主，若是辛辛苦苦養了頭牛、豬，冬天被凍死，情何以堪呢？那麼，就近取得的肉，就是家裡的狗；繼之，根據韓國醫書記載，家中若有受傷的病人，家人或者是醫生爲了讓傷口快快癒合，往往建議、提供的最佳補品食物就是「狗肉」，因此吃狗肉也在這樣的醫學療效下被普及化；當然，現在韓國人所食用的狗肉，主要是以提供人類食物爲目的人工繁殖的黃狗，而非在路上抓條野狗，或者是用家裡的寵物狗來做鍋湯。但目前，在韓國當地食用補身湯的人越來越少，多見於鄉下地區，或者是在老一輩人家的餐桌上，才會食用。

㈥炸醬麵（자장면）

這個看似中國的食物到了韓國也有了一個大轉變，起初在韓國當地做出第一碗炸醬麵的地區，就是在仁川的中國城內，而之後炸醬麵也漸漸成爲韓國人吃飯、外送服務排行榜第一名囉。

炸醬麵主要是麵條加上黑色醬汁（黑豆醬），醬汁偏甜，且裡面有著洋蔥、蝦以及肉類來作調味。在一般上班族月底手頭緊沒錢上餐館吃飯時，叫炸醬麵外送是最快解決一餐的方式，且大多由外送人員直接送府到家，附贈的小菜大多是生洋蔥或是黃色乾蘿蔔。有趣的是，因爲韓國炸醬麵一碗全是黑黑的，在韓國四月十四號，又稱爲「黑色情人節」（블랙 데이），意指在當天沒有男女朋友的朋友們，身穿一身黑衣、

黑褲爲象徵，一起去吃黑色的炸醬麵，來表示孤單的意思，因而形成一個有趣的節日；有關於韓國每個月的情人節介紹，請參考後方的附錄。

當然，這種炸醬麵大多是在所謂的「中華料理店」（중국집）販售，而在中華料理店裡面，當然不是只有販售炸醬麵而已，也有如海鮮麵、湯麵、海鮮蝦仁炒飯、水餃或是糖醋肉等改良的中國菜，味道稍微都偏甜或是偏辣。有趣的一點是，這種炸醬麵可以說是平民食品，所以韓國人認爲，要看現在韓國境內物價有沒有漲價，或是國內最近經濟好不好，就看炸醬麵的價格有沒有浮動。

當然，這裡所列舉的韓國特色食物，一定有很多遺珠之憾，比如韓國的烤五花肉、辣炒年糕、韓式香腸或是韓定食之類的食物，但因爲考量到篇幅以及此書的結構，這些韓國當地有名的食物，就有待以後有機會再介紹給大家。

四、設計感、流行撞色與暴露的韓國流行服裝

韓國在一九九七年十二月十三日年底，創下國內韓幣對美元的匯率跌到一千七百三十七點六韓元對一美元的悲慘紀錄，當天可說是韓國面臨金融風暴最艱難的時刻。之後，經過一九九八年的金融風暴，韓國可說是從迫近國家整體破產艱難時機，經過全國人民、政府上下一心的努力下，在二十一世紀初，韓國浴火重生，之後在亞洲刮起一陣又一陣的「韓風」，讓人爲之佩服。

而這樣的「韓風」風潮，可以從亞洲各個國家，遍處可見所謂的韓國流行音樂、電影、電視連續劇以及服裝而得知，以下這章節我們要針對韓國流行服裝做一個現象分析。

韓國流行服裝的特色，我們又可分男、女雙方所穿著、打扮的服裝來看；首先韓國服裝的特色，第一點就是「設計性強以及小飾品多」，比如在韓國當地常常會看到，不論是年輕男性或是年長者，都喜歡穿著西裝，而韓國西裝不像中國的老氣西裝，較適合單純的正式場合，如演講、參加宴會等等，韓國西裝甚至還細分所謂的：七分袖西裝、獵裝、正式場合穿的辦公西裝，或是大衣之類等等款式。而韓國人喜歡在這樣

平素的西裝上面做打扮，比如在領口上夾個大的、顯眼、奪目的金、銀色迴紋針，或者是在領口做出鍊條，或者是在手臂處加上一個皮製的飾品等等，這些都看似簡單，卻會讓人覺得這件西裝突然增色許多；次之，連韓國人下半身穿的褲子也能細分爲：三分短褲、五分運動褲，夏天穿的七分褲，能凸顯鞋子的九分褲，以及正式場合穿的十分褲，琳瑯滿目，且顏色鮮豔，有著大量的「色褲」（如咖啡色、乳白色、紅色、紫色或是軍綠色等顏色的褲子）。

就韓國服裝業操作市場的層面上而言，衣服對消費者也好，或對販售商而言，都是「消耗品」。在這裡，「消耗品」一詞不僅僅是指販售商出陳布新的衣服，很快就會成爲過季商品，而是指衣服本身的尺寸就是一種「消耗」。此話怎講呢？根據統計，韓國成年男生平均體重是六十六公斤，女生則是五十五公斤，但最近在韓國當地流行一個詞，即「짐승남」（禽獸男，意指：肌肉男），因爲韓國男裝越做越小件，強調腰身或者是線條的服裝越來越多，所以韓國男生自己都笑稱，要穿得下現在韓國當地販售的男裝，每個人都要像電視上的韓流明星或者是模特兒，身材特瘦或者是有好線條的「肌肉男」一般，才有可能穿得下。萬一身材一個不小心走樣，上一季的衣服就穿不下了，這件衣服就被「消耗」掉囉。

的確，若是把臺灣衣服的尺寸和韓國的相比，原本在臺灣穿Ｌ號的男生，到了韓國可能就要穿ＸＬ或者是到更誇張的２ＸＬ號才行，而在韓國，若想要買尺寸較大的衣服，例如ＸＬ或是２ＸＬ的衣服，得多加錢才能買得到呢！我想是因爲數量稀少，且用的布料又多而導致的。

因此，如西方人身材魁梧的男生，要想穿韓國設計、具有韓風的服飾，就得到首爾市著名的「黎泰院」（이태원），在這類外國人聚集地才買得到加大的尺寸。

而韓國服飾的第二點特色則是：「嚴重暴露」，這也許是受到韓國演藝人員或西方文化的影響，以前韓國民風保守，還有這麼一句諺語：「寧可坦胸露背，也不願意露出光溜溜的腳丫子」（가슴은 내놓아도 맨발은 드러내지 않다.）；但也許是因爲從之前以軍裝大腿出名的少女時代開始，韓國歌手也好，或者是團體、未成年歌手的出道，一窩蜂地露腿、露胸部，再加上挑逗性的舞曲動作，帶動韓國穿衣打扮之風潮，連韓國當地政府也看不下去。根據二〇一一年韓國《朝鮮日報》報導，韓國公正交易委員會在六月十七日發布，制訂限制有關於未成年藝人穿著暴露服裝，和跳煽情性舞蹈等條款，在條款內容中，包括經紀公司在與藝人簽約時，要確定藝人的年齡，如果是兒童或青少年，不能以盈利或宣傳爲目的，也不可以要求藝人穿著過於暴露的服

裝，以及做出過分煽情的演出，來保護年輕藝人【3】。繼之，在二〇一三年三月二十二日，韓國修訂「過度暴露法令」，正式在韓國境內施行，這項法令規定女性不能穿著過短的迷你裙，一旦被認定在公共場合曝光的話，將會被處以高達五萬韓元的罰款！可見其「暴露風」嚴重。

當然，這「暴露風」常出現在女孩子的穿著上，本來，女生藉由恰當的穿著來展露自己身材、曲線之美，這是無可厚非；但是，韓國女生最近也以「暴露風」爲潮，比如在公車上，穿著三分短熱褲的人大有人在，或者是迷你超短裙的人也有，所以只要下了地鐵站，在走階梯時，韓國女生的標準動作就是用手放在屁股後方，遮住超短的裙子，免得走光。

這樣的暴露風其實跟韓國人把美和自信心建立在他人的目光上有關，所以在韓國，男生也覺得他們自己國家的女生很厲害，「因爲天氣越冷，裙子就越短」，如窗外下雪、零下數度的冰天雪地，韓國女生就有辦法在天氣越冷的情況下，裙子越穿越短，構成一奇觀。

再則，韓國流行服飾還有著「用色鮮明」的特點。在亞洲，男生穿著紅色、粉紅的服裝比較少，但是在韓國，穿著比較「鮮嫩系」、「少女色系」顏色的服裝不少，如紅色、粉紅Ｔ恤以及寶藍色等等；而設計簡單的ＰＯＬＯ衫，韓國人也會在領口處大作花樣，如有著大大的文字、ＬＯＧＯ，或者是設計出與衣服整體不同的顏色來「撞色」，這也算爲特色；我們藉由上述對於男生服飾的描寫，就可看到韓國流行服飾的特色，當然，這些風氣、特點對於在「衣櫃裡永遠都少一件衣服」的女生服裝，就更加華麗、風行了。

因此，爲了搭配韓國這種「設計性強」、「增色裝飾品多」以及「暴露風」嚴重的流行服飾風格，這些服飾的周邊商品可不少，比如到韓國遊玩的外國旅客絕對不會錯過購買的東西，就是唇蜜、口紅、指甲油、面膜或者是護手乳等滋養身體的保養品、化妝品之類的東西；除此之外，項鍊、耳環或是別在衣服上的別針等等，這些可以裝飾自己身上、衣服上的飾品也是不能錯過的，且韓國對於製作這些小東西的手工、流行感的敏銳，都是在亞洲國家數一數二的，值得大家注意的。

因此，透過上文分析韓國流行服飾的強項，我們可以在自己國內看到充斥許多韓國服飾，其來是有自的。

最後，在臺灣很多號稱「韓貨」的服裝、商品也好，請特別小心。其實有很多「韓貨」都是大陸製品，先不說品質如何，但就筆者自己經驗，在韓國買到所謂「韓貨」

（韓國本地設計、生產），簡單的一件休閒牛仔褲也要近韓幣十萬元左右，要價不菲；而同樣款式的衣服，經由大陸「改良」，一件大概只要韓幣三萬元有找，這一來一往之間就有品質的差異。

除此之外，韓國的小飾品，如同耳環、項鍊以及戒指等等小東西，在韓國當地因爲配戴的人多，所以價格相對也低，比如最低的耳環一、二千元韓幣即可買到，但是批貨者一批回國賣，可能我們在自己國家看到的「韓貨」飾品，動不動就要一個韓幣一萬元左右囉。

當年，幾近破產的韓國，如今卻把他們的流行服飾推廣到全世界去，這是誰也沒有預料到的。

五、亞洲批貨新聖地——東大門一瞥

國外觀光客來到韓國，絕對會去朝聖的地方之一，便是販賣韓國最新流行服飾以及雜貨市場的「東大門」。東大門位於首爾市鐘路區，名稱溯源是來自一九六三年一月二十一日被韓國定爲第一寶物的「興仁之門」（建造於一三九六年），因爲在興仁之門周圍有二十四小時商業購物區等眾多商家，引來大量的人潮，成爲商家集散地，故興仁之門又被韓國當地人稱爲「東大門」。

韓國東大門一共有八個市場，主要有以賣手工飾品、餐具著名的「興仁市場」；賣布料、雜貨著稱的「廣藏市場」；賣流行服飾的重地「平和市場」[4]；賣廚房、登山用品爲主的「東大門市場」等等，而這八大市場合稱爲：「東大綜合市場」。除此之外，還有在一九六〇年形成的東大門「文具街」，在此東大門街道上，有近一百二十餘間文具店，主要販售筆記本類，以及與蠟筆、鉛筆、室內鞋、包包素描簿等學生常用文具用品爲主，且以低於外面文具行的市價販售，若顧客一次購買的數量越多，商家給的折扣也就越多。而且，東大門附近的東大門運動場以及東大門歷史公園兩個顯目建築物，也吸引大量的遊客、人潮，且在東大門歷史公園的一樓，還有販售如棒球手套、足球、羽毛球等的體育運動商品、用品的「體育街」。

因此，擁有這麼大物流、產品的集散地，也就成爲跑單幫或是批發客的批貨聖地了。而之前的東大門區分出兩大塊，一塊是以零售爲主的銷售區，一塊則是以批發族群爲主的銷售區，前者和後者的區分主要是以東大門市場中間的大馬路爲界限，分「都塔」（Doosan Tower）百貨公司所在的「第一區」，和東大門歷史文化公園周圍的「第二區」。但是最近這幾年，這兩區已經漸漸無所區分，原本是因爲東大門商家爲了生意交易流暢，以及省掉一些繁雜的看店手續，東大門商家的生意大多只賣給所謂的「中盤商」或者是「批發客」，也就是說在店家內不賣一個、一組的商品給外人，而是賣一整包、一整箱的商品，但是因爲最近韓國下層百姓經濟持續低迷，所以現在在東大門中，即使消費者不是批發客，店家也是樂意零售的。

爲了因應批發客前來東大門批貨，批貨時間大多是晚上十點開始，好避開白天一般的旅遊人潮。

到了晚上十點之後，就可以看到拎著大包小包的批發客出現，而東大門也聘請大

量的外語人士，幫忙當作翻譯或是導遊人員，萬一批發客一次買的東西太多，或是拿不動，東大門也有所謂的包裝行，可以幫忙打包、秤重以及處理關稅等問題，然後直接從韓國寄送貨物到批發客的國家；除此之外，爲了交易的方便以及效率，東大門大多以收現金爲主，雖然刷卡也是可以接受，但是某些店家的現金價往往是低於刷卡價的，且在有些商家刷卡，還會多收百分之十的手續費；而手上沒有韓國現金的批發客怎麼辦呢？沒關係！在東大門附近的飯店旅館都有外幣兌換中心，或者是大大小小的銀行座落著，但是批發客想要更好一點的匯率，就可以來到民間經營的「換錢所」（환전소）進行交易，這樣看來，從逛、導覽、換錢、打包以及寄發商品，東大門市場一直線作業，可以說這裡的服務以及設施，讓批發客相當滿意。

而在東大門興起的一些有趣現象也是值得介紹給大家的，比如筆者常常建議朋友，在東大門買東西，一定要買「已經標好價錢的東西」，因爲有些不肖商家，同樣的商品，賣給外國觀光客跟韓國當地人，價差十分恐怖，而這樣不肖的行爲，就是吃定觀光客不諳韓文、不懂當地民俗風情。同樣商品，賣給韓國當地人只要一萬韓幣，當他們面對外國人時，計算機拿起來一按，四、五萬塊的商家大有人在，這時候即使我們語言再怎麼通，計算機再怎麼按來殺價，一定都是買貴的[5]。

第二，「韓國製的比較貴」，因爲全世界充斥著大陸製品，所以東大門商家也會特別強調「韓國製」商品，而這時候，消費者可別以爲商家在亂哄抬售價，因爲韓國當地商場現象也是如此，強調韓國製的商品都會比較貴。

接著，多過條馬路來到東大門的第二區看看，因爲「同樣的東西，不同的價格」；在上文我們一開始就有提到，東大門之前區分出兩大消費群，一個是針對單純觀光客、一個則是針對批發客的消費區；前者是以「都塔」百貨公司爲首的眾多購物中心，當然在這樣的百貨公司裡面，除了可以買到一般韓國商品之外，來自世界各國的名牌也可以輕易地在當中尋獲、購買，也能辦理退稅手續，在有涼爽冷氣的百貨公司購物，任誰都會開心的；但是，筆者建議，若是在「都塔」內看到自己喜歡的「韓國製商品」的話，可先別急著下手，因爲只要過條馬路，來到對面的批發區，大可發現同樣的韓國製商品，但價格更爲低廉，甚至將近半價。

最後，在以「都塔」百貨公司爲主的第一區消費區，因爲攤位極多，我們在A攤位看到的同一款式的衣服，在B攤位可能價錢就不一樣，所以消費者若在某家看到自己中意的商品，除了要「貨比三家不吃虧」之外，更重要的是要記下商店在此樓的編號，因為在百貨公司、購物中心的攤位，呈現方格式的安排，「星羅棋布」，很可能一個不小心，就找不到之前我們逛過、看到中意商品的店家了。

介紹完東大門市場的種種風情，也來談販賣著各式各樣的珠寶、飾品、眼鏡、義大利家具以及家電用品的南大門市場【6】（崇禮門），這可是與東大門並稱為批發客最常去的批發聖地呢！

參、韓國住、行文化

一、租屋介紹、孤單的公寓，以及韓國住屋種種現象

擁有大韓民國將近一半人口的首都——首爾（서울），以首爾爲中心的南韓首都圈（亦稱「首爾都市圈」，其中包括了：仁川廣域市和大部分的京畿道），人口達到二千三百萬人口，在全世界是僅次於東京的第二大都市圈。也因此，首爾市內的居住地，可說是「一寸土地一寸金」，而在這麼擁擠的韓國首都裡，讓人不禁觀察起韓國人住屋的獨特現象、文化。

首先來談韓國人的租屋方式。以學生身分來看，學生除了可住在自己所就讀的學校「宿舍」（기숙사，漢字：「寄宿舍」）之外，普遍常見的，還有底下四種租屋方式，分別是：考試院、寄宿家庭、套房以及包租等四種方式；而我們從租金的費用由低到高來介紹起。

「考試院」（고시원，漢字：「考試院」）是韓國特有的租屋文化，房間坪數極小，約一到兩坪，有的是和同層樓住戶一起共用衛浴設備，也就是我們熟悉的「雅房」概念；有的則是在房間擁有個人的衛浴設備，但這樣的房間往往會比較貴；而「考試院」，顧名思義，就是爲了讓那些專心考試，尤其是要準備韓國境內競爭率超高的的

三大考試：公務人員（행정고시，漢字：「行政考試」）考試、代表國家外交官（외무고시，漢字：「外務考試」）考試，以及考律師執照（사법고시，漢字：「司法考試」）考試的人特別設計出來的租屋環境，這些人在準備考試時間，白天大多上圖書館讀書，晚上回到家，只要有個地方洗澡、睡覺以及換穿盥洗衣服的地方即可，因此這樣的考試院居住的品質可謂是相當不良，甚至在考試院內，有的房間還沒有窗戶（若要有窗戶的房間，還得多加錢），有的考試院房間，甚至位在地下室呢！而這類的考試院房間居住者，大多是以準備考試的准考生，以及手頭緊的困苦學生爲主。

價格比較高、品質比較好的考試院還有個好處，就是房東有時會在大家共用的廚房，煮滿一大碗白飯，以及泡菜，讓這些辛苦的學生、住戶，隨時都可以吃到熱騰騰的白飯。

繼之，「寄宿家庭」（하숙，漢字：「下宿」）爲一般留學生最常居住的場合，也就是和屋主的韓國大嬸、大叔一起生活，留學生多能在這樣的寄宿家庭中，體會到多樣化的韓國文化生活；但有時因爲大學生愛玩，常常深夜晚回家，開大門鬧出聲響，或者是呼朋引伴來到自己的房間聊天、玩樂，聲音太大，常會跟生活作息正常的屋主會發生糾紛，且這種居住環境比較沒有個人隱私，畢竟是和韓國一家族的人一起

生活，有時屋主爲了打掃房間，私自進入住戶的房間也時有耳聞。而租屋的費用跟考試院比較起來，則貴上一點點。

「套房」（원룸，外來語：「one room」），即是有著個人空間的小房間，房間坪數包含衛浴設備，約四至六坪不等；而想要租這種套房的學生，除了透過貼在布告欄上，或者是電腦上的租屋介紹之外，最常利用的方式就是去尋找「不動產仲介」（부동산）介紹，因爲若是在租屋手續上，中間有不動產仲介牽成與屋主簽約的話，萬一當房客事後退租、搬家時，有些不肖屋主延給租金，或者甚至不退還時，才有法律途徑可循，而這些都是交由房屋不動產仲介來加以處理的；當然，這樣的不動產仲介服務可不是免費的，在每一次租屋成功的案件上，仲介都會依照租金比例抽取一定的佣金，而因爲每間的不動產仲介手下所有的房子都不盡相同，所以常常會有學生看了好幾家不動產仲介，才決定要租怎麼樣的房間；而要求租套房的學生，往往都會先跟仲介講好，我的預算約爲多少，好讓仲介翻找資料，帶人尋戶看屋。因爲在韓國租套房的話，會因租屋者第一次所繳的保證金不同，月租也不同，通常是繳越高的保證金，房間月租費用就會比較便宜，舉例來說，如在租屋時，先繳交給屋主保證金五百萬韓幣的話，月租房租可能就是四十五萬元，而若是繳交保證金一千萬韓幣的話，月房租

則是再往下減，可能就來到四十萬元左右，但是爲什麼在租套房時，會依首次繳出的保證金多寡來決定套房的月租費用呢？因爲屋主可以把這筆保證金拿去銀行定存賺取利息，或者是拿去做一些小生意的投資賺取利潤。而當房客退租時，當然屋主也會原封不動地退還當初房客所繳出來的保證金費用。而這種套房居住環境就比較好一些，但是因爲一次要簽一年以上的長約，以及首次要繳出大額的保證金，對於留學生而言有些難處，但這種套房也是韓國學生最常居住的地方之一。

最後，「包租」（전세，漢字：「傳貰」），即一開始租屋者就繳交「高額的保證金」，多適合預計在這間學校長期就讀的韓國學生們，比如大學直升到研究所一直攻讀博士學位的學生；在進行「包租」租屋手續時，房客在租屋就要一次繳交約五千萬到八千萬韓幣的高額保證金，而屋主拿到這筆保證金就拿去做生意、投資或者是去銀行定存，當然在房客退租時，屋主也會退還此保證金；而當初房客繳交這麼高額的保證金的好處，就是居住在「包租屋」時間內，都不用再繳我們上面提到的每個月房租給屋主，只要繳交自己在屋內使用的水電費用即可。

但是，因爲這種「包租」的保證金極高，所以筆者還是建議在租房子時，透過當地的不動產進行簽約會比較好，不然，當要退租時，屋主作投資賠掉了保證金，付不出來的人大有人在，這時候爲了避免與屋主進行複雜的法律程序，我們還是在一開始就做好預防措施。

上述是我們就學生身分在韓國當地居住的環境現象來看；但若是出社會的韓國上班族，除了上面提到的「寄宿家庭」（因爲寄宿家庭大多是專門租給學生，比較單純，屋主也好管理）之外，上班族居住在「考試院」、「套房」以及「包租屋」的人還是很多的（如之前韓國經濟不景氣時，剛出社會才領到八十八萬元月薪的新鮮人，又稱爲：「八十八萬元年代」）；且因爲韓國國土境內並沒有地震，所以在韓國當地，可以看到高樓大廈一個比一個高，目前最受韓國人歡迎的居家住宅，或者說不得不接受的在首爾市內的居家環境，就是所謂的「公寓式住屋」（아파트，外來語：apartment 的簡稱）。

「公寓式住屋」其實並沒有什麼特別的，只是在同一個公寓社區（又可稱爲：「公寓村」，아파트촌）內，有著編號A、B、C……或者是一、二、三，……等編號，在單棟公寓內，同一層區分出幾個房間，然後由建商販售；若想要購買首爾公寓式的一個房間，十坪以上的話，最低起跳也要五億韓幣，且根據韓國當地報導，首爾市內，或者說全國的公寓式住屋的房價是呈現逐年上升，尤其以江南區、江東區的公

寓式房子漲價最高[1]，而這樣公寓式住屋的主臥房大多是沒有床鋪的，因爲一張大的床鋪太占空間，所以韓國人不是席暖地而睡，就是有收納自如的墊毯爲墊被。

而因爲這樣的公寓式家庭越來越多，且樓房也越蓋越高，居住的民眾也就越來越多，甚至在同一棟公寓居住的房客，每天搭電梯遇到的住戶都不一樣，沒有幾個熟人，彼此老死不相往來，下班回到家，打開這樣一個小小的公寓門，雖然說是進入了自己的家，卻是和隔壁的鄰居沒有太大交談的機會，人與人之間更加疏離。甚至當地韓國人，爲了反映出這樣的韓國社會現象，早在二〇〇六年七月，著名的電影導演——安炳基就拍攝了一部改編自日本名爲《公寓》（아파트）漫畫的同名電影，但是入境場景卻是以韓國首爾當地爲主，即發生在新蓋好的高檔公寓裡面的恐怖事件，藉由讓當代韓國人熟悉的場景，再度反省到人與人疏離、現代人彼此之間的冷漠關係，「鄰人與我無關：在他與我之間，沒有一點關連！」[2]的現象產生。

當然，居住在這樣的公寓式房間，可以想像的是人與人之間的疏離現象，但讓筆者印象最深刻的是，如果在韓國租屋的話，屋主都會要求住戶不要養動物，尤其是狗之類的小寵物，怕吵到鄰居；那麼今天我們買下這樣的公寓式住屋，房子內我們想養寵物，當然是屬於自己的權利，雖然大多管理員會盡量勸導不要養小動物，公寓的住

戶也會有心理準備。如果眞想養狗的話，尤其是那種好動、愛叫的狗，若要養在一層樓好幾家住戶的公寓，爲了不影響到鄰居，寵物狗首先就是要動「聲帶手術」（성대수술），把聲帶切掉，讓牠不能在公寓內吠叫。而這也是韓國特有的公寓式住屋環境現象。

二、富益富貧益貧——首爾火車站之流浪漢居住地

韓國首爾當地生活物價高，是世界有名的，我們先從客觀的調查數據分析起吧。二〇〇六年根據英國《經濟學人》雜誌報導，南韓物價在二〇〇六年物價為全世界排行第十三名，之後二〇〇七年十一名，二〇一〇年十四名，到二〇一一年的十九名；而根據最新的二〇一三年瑞士「洛桑國際管理學院」（IMD）的一項統計顯示，南韓首爾在主要城市生活物價上，居世界最高昂貴的水準，生活費指數為一百二十二點四，為在接受調查的五十五個國家中排名居首。

我們在第一章節介紹韓國歷屆總統時，也有提到歷屆總統的功績，而在一九九七年亞洲金融風暴襲擊韓國時，韓國外匯儲備銳減到六十億美元，當年創造出來的「漢江奇蹟」的所有財富，將近縮水一半。而在當年金大中續金泳三執掌南韓總統職位之後，公開反對南韓的財閥，以及既有的金融與財政制度，並開始對南韓經濟進行改革和結構調整。在金大中總統的領導、南韓國民全體的努力以及國際貨幣基金組織對南韓五百八十億美元的援助下，相對於他國，南韓在比較短的時間內走出了金融風波的危機，重振國力，使世界為之驚嘆。

二〇〇八年九月，全世界又發生金融風暴，韓國一度又被世界各國認爲可能步上冰島後塵，成爲第二個破產的國家。但不到一年，這樣的局勢就被翻轉過來，韓國竟成爲代表先進國家俱樂部（OECD）三十個會員國中復甦最快的，且在其先進國家俱樂部中，二〇〇九年第三季成長率高達更達百分之二點九，令人眼睛一亮。

而在韓國外匯存底的部分，截至二〇一二年二月底爲止，韓國外匯存底爲三千一百五十八億。韓國人均國民所得在二〇一〇年已經突破二萬一千六百四十元美金；而在二〇一二年六月，韓國全國人口超過五千萬人口，正式達成全國第七個「二十－五十」已開發國家的行列，目前南韓是世界第七大出口國和第九大進口國。且《韓歐自由貿易協定》與《韓美自由貿易協定》（KORUS FTA）的正式生效，也使得南韓成爲全球第一個與歐盟和美國兩大經濟體都簽署自貿協定的國家。

而在經濟上風光十足的韓國，在體育方面也挺蓬勃發展的，如在一九八八年九月十七日至十月二日，擊敗當時唯一的競爭對手日本——名古屋城市，而在自己的國家首都：漢城（現名爲：首爾）舉辦了「第二十四屆夏季奧林匹克運動會」（又稱「漢城奧運會」），這是奧運史上第二次由亞洲國家舉辦的奧運會。其次，二〇〇二年的「第十七屆世界盃足球賽」（二〇〇二 FIFA World Cup Korea/Japan），從五月三十一日到六月三十日在韓國和日本境內舉行，這也是歷史上首次由兩個國家聯合舉辦，也是首次在亞洲舉行的世界盃足球賽。除此之外，二〇〇三年「夏季世界大學生運動會」以及二〇一一年「世界田徑錦標賽」等等，多個世界體育賽事和亞運會，都在韓國當地舉辦。藉由爭取到各項國際賽事的主辦，以及有能力舉行這樣眾多的賽事來看，在體育層面，韓國也不可不謂之是個亞洲強國。

但是，在光鮮亮麗的國家光環下，再往韓國當地深入看去，我們可以看到韓國境內，有比自己國家政府權利還要大的大企業（如三星）出現、生活壓力大的環境（韓國自殺率全世界最高）以及「富益富，貧益貧」（부익부 빈익빈）的社會貧富差距的出現。

首先，以韓國二〇〇九年當地數據而言，韓國所得最高的金字塔上層百分之一的資產家而言，他們一年平均所得約兩億四百三十二萬韓元，跟全國平均國民所得兩千兩百二十二萬比較起來，將近差了九點一倍，且韓國這樣高所得的資本家，跟世界各國的資本家比較起來，在全世界排名第二位。

但是，上面的數字呈現，讀者的體認可能不大，我們還是舉幾個韓國當地的例子吧！

在前面曾提到，韓國前陣子出現所謂的「八十八萬元韓幣的年代」【3】，也就是從大學畢業，尤其是三流大學畢業出社會後，最低起薪只有八十八萬元的現象出現，扣掉房租，最便宜的考試院也要二十萬韓幣，剩下不到七十萬韓元可供使用、生活，說眞的，這樣一個月七十萬元，可以說幾乎無法在韓國當地生活下去。

繼之，韓國最近興起的行業，特別是「借款公司」（대출）越來越多，有時候公司還會親自打電話給客戶，詢問對方是否需要資金周轉，而這樣的垃圾電子信件或者是手機的廣告短訊，一天收到四、五封也不爲過，可見，因爲有這樣龐大的客戶群存在，才會造成借款公司大肆發展的現象出現。

而韓國的詐騙案件也不少，諸如利用美色誘惑男生的「拜金女」或者是「花蛇」（꽃뱀）來詐騙他人錢財，或者是行騙的人不在話下，而如同「花蛇」這樣流行的韓國語單詞出現，都可以看到韓國當地的社會現象。

除此之外，在韓國當地購物，店家往往會看客人穿什麼樣的衣服，而採取怎麼樣的口氣、語氣【4】講話，所以，在韓國當地可不能隨便亂穿衣服上街，因爲萬一穿的太窮酸逛街，店家可能還不會理人呢！

因此，雖然我們在表面上看到韓國這個國家發展得十分光鮮亮麗，但其實在這當中，他們無形中也失去了很多東西。而在韓國進行所謂的國家發展時所造成的種種扭曲的社會現象，我們在本書後文也會提到，但整體而言，一般韓國人普遍認為自己的經濟狀況不好，好的都是那些大企業家，即便對大企業恨得牙癢癢，但又很盼望自己大學畢業後，能到這樣的大企業公司上班，以圖生計無慮[5]。

最後，筆者認為最能顯示出韓國當地生活實貌莫過於「首爾火車站」（서울역）了。雖然韓國貴為已開發國家行列，但在首爾火車站內，還是常常可以看到很多流浪漢聚集，尤其是在冬天。因為韓國冬天酷寒，若是沒有暖氣，在外的確是難以度日，而這些在韓國社會最底層、陰暗面的流浪漢，若要度過這樣的寒冬，就只能聚集到有暖氣的公共場所來，那就是火車站。

而這些流浪漢的打扮，大多是拿著報紙當棉被蓋臉，疑是怕丟臉不敢見人；或者是拿著大紙箱當做家，用這大紙箱蓋住自己全身，當作棉被睡在火車站的人也大有人在，每到冬天，即使有執法人員、警察來到公共場所驅離這些流浪漢，卻總是不見成效。

曾經，筆者有位朋友，於二〇〇八年十二月前去韓國旅行時，那時韓國剛遭遇金融風暴，家裡賣掉房子、店面的人極多，流浪漢也在那時候達到顛峰，全部擠進首爾火車站內避冬，那時候，筆者的外國朋友看到火車站怎麼會聚集這麼多個紙箱子屋人，甚爲好奇，於是拿起相機拍照，怎知，這樣的舉動激起那些流浪漢的不滿，甚至慘遭追打。

而藉由這樣的首爾火車站文化，讓我們看到「富益富，貧益貧」的社會，在韓國正極端、激烈的產生。

三、四通八達的韓國地鐵以及傲人的仁川機場

我們在前文有提到，近年來前往韓國旅行或者求學的外國自助旅行遊客增多，除了一方面韓風席捲全亞洲，甚至所謂的K-Pop（韓國流行音樂，如二○一二年的風靡全球的江南style，全球的點閱率超過十億）讓世界爲之著迷，韓國的大眾文化可以說是行銷有方，大大地在全世界推銷了韓國這個國家；除此之外，加上韓國當地政府大力的推銷韓國觀光產業，近年來前來韓國朝聖的外國旅客可說越來越多，其中又以大陸、日本旅客居多；而這樣觀光產業發達的城市——首爾，爲了因應大批觀光客，首爾市中心的旅館房間數可以說是供不應求，旅館甚至越蓋越遠離首爾市，但是，首爾的快捷交通網，卻順利化解大掃旅客遊興的陰霾，所以這一章節，我們就要來介紹一下四通八達的韓國地鐵圈，以及傲人的仁川機場。

整體而言，韓國有著「地鐵」（지하철，又譯爲：「捷運」）的城市除了首爾之外，還有大田、大秋、光州、釜山等其他四大都市，而在首爾運作的地鐵，稱爲「首都地鐵圈」，到二○一三年爲止，首都地鐵圈除了有九條編號的地鐵線之外，還包含著從首爾火車站、弘益大學出發的機場直達地鐵線等等五條支線，而透過這樣便利的

地鐵交通網，以每天載客量超過八百萬人的數量，構成了四通八達的首爾交通網。而在地鐵標示中，分別以韓文、日文、中文以及英文標示路標，以及在車上以上述四種語言播報所到之站，讓前來觀光的旅客免受不懂韓文之苦，「只要你會搭首爾地鐵，就可以到首爾的每個地方」——這句背包客的名言，不爲浮誇。

而有趣的是，首爾內編號的九條地鐵線，各自以不同的顏色作區分，如一號線是深藍色、二號線是綠色、三號線是橘色、四號線是淺藍色、五號線是紫色、六號線是淺咖啡色、七號線爲深綠色、八號線爲蘋果紅色，最後九號線爲土色等等，當然，若是來到連韓國人自己也會走錯的轉運站時，只要稍微細心注意一下，跟隨要換乘的地鐵線顏色尋找路線即可。

繼之，首都地鐵圈的每條地鐵在韓國人心目中，都有其獨特的風格存在，如充滿「歷史文化」的橘色三號線，爲什麼會說三號線是充滿著歷史文化呢？因爲當我們若搭乘三號線北上，可以來到諸如景福宮、仁寺洞或者是忠武路等等歷史文物宮殿景點；而若搭乘「年輕活力」的綠色二號線西去的話，則會經過諸如大林、新道林、弘益大學、新村以及市廳等等韓國年輕人最常聚集的消費、購物場所；又如同搭乘「安靜且異國風」的淺咖啡色六號線，則是會經過首爾當地最多外國人居住，且充滿異國

風色的餐廳——黎泰院，以及美軍駐軍的三角地等等各個地區，所以每條在首爾內地鐵站都被韓國人賦予不同的「面貌」（얼굴）存在。

那麼，若是要從首爾出發到外縣市的話，首爾境內也提供快捷的大眾工具供旅客使用，比如韓國高速列車（Korea Train Express, KTX，高鐵）、新村號（一級列車）以及無窮花號（二級列車）等等，有著眾多速度快慢不一、價錢高低的火車座席供選擇之外，分別以從「首爾站」連接至「釜山站」的「京釜線」，與從「龍山站」連接至「木浦站」的「湖南線」爲主軸，其他還有連接「麗水」或「昌原」等等其他地區的「全羅線」與「京田線」，在韓國首爾市共計有四大火車站，以ＫＴＸ與上述提到的大多數主要城市相連通。如底下所列：

首爾站，龍山區：京釜線（ＫＴＸ、新村號、無窮花號）；京義線（新村號、通勤）

龍山站，龍山區：湖南線（ＫＴＸ、新村號、無窮花號）；全羅線、長項線（新村號、無窮花號）

永登浦站，永登浦區：京釜線、湖南線、長項線（新村號、無窮花號）

清涼里站，東大門區：京春線、中央線、嶺東線、太白線（無窮花號）

除了旅客可以搭高鐵、火車前往韓國首爾市外其他都市之外，還可以利用行駛高速公路的客運；而韓國的客運與臺灣的大同小異，不同點在於韓國客運位子比較小一點，且客運上沒有任何個人娛樂設備，雖有廣播、電視機，但也是掛在內車頂上大家一起觀看，而深夜客運價格會比較貴一點。最讓筆者印象深刻的是，韓國的遠程客運不似臺灣客運車內具有著小型洗手間，比如從首爾行駛到釜山，搭乘客運約五小時，其中會在高速公路的休息站上，休息約二十分鐘，讓旅客小解、買點心吃。因此，在搭長途客運時，可是要小心突發的生理尿急現象。

介紹完韓國的境內交通之後，那麼，對外的交通——機場[6]又呈現出什麼樣的面貌呢？說到韓國的國際機場，莫過於是韓國國人也爲之驕傲的，共花了八年時間建造，並加上六個月的試營運，一直到二〇〇一年三月正式開航的——仁川國際機場。

仁川國際機場名稱的來源，是因爲機場興建在韓國仁川市西側永宗島以及龍遊島兩個島上，而這兩個島原本是分離的島嶼，在經過塡海造地後才合而爲一。而兩個島皆在仁川廣域市的行政範圍內，故取名「仁川國際機場」。而機場對外運輸，除了藉由往來於仁川附近海港的渡輪之外，國道一百三十號上連接島嶼與大陸的「永宗橋」兼負起連結的工作，讓來自南韓各地等客運車輛皆得以出入自如。

二〇〇一年仁川國際機場的落成，可以說是完全取代了之前負責國際航線的金浦機場，而目前金浦機場主要負責南韓的國內航班和少量與東京國際機場、關西國際機場、臺北松山國際機場、上海虹橋國際機場和北京首都國際機場等的國際航班。而二〇一二年二月六日，臺灣民航局宣布，臺北松山機場建立起南韓金浦國際機場的直飛航線，在航空公司方面，臺灣由中華航空與長榮航空取得航權，二月二十三日南韓方面公布，由兩家廉價航空公司——Eastar Jet（易斯達航空）、T'way航空（德威航空）勝出。

而仁川國際機場爲韓國最大的民用機場，距離首爾市中心約七十公里，主要是以機場巴士連結首爾或是韓國境內各大城市之外，二〇一一年開通了直達首爾市內的機場捷運站，大大做好迎接來韓旅遊的觀光客人潮。

而仁川在二〇〇一年初正式啓用之後，就成爲韓國國際客運及貨運的航空樞紐，是亞洲第六位最繁忙的國際機場，同時也是韓國最大的兩家航空公司——大韓航空及韓亞航空的主要基地。而韓國仁川機場在二〇一一年，爲了防範九一一事件發生在韓國境內，管理當局升級了機場的安檢系統，爾後幾年鄰近國家所爆發的多種傳染疾病疫情，也使得仁川加強了健康檢查儀器，仁川也遵照了國際民航組織（ICAO）的建議標準，或多或少在機場內自行增加了許多設施，讓仁川贏得亞洲最科技化機場的美名；除此之外，仁川機場在第一屆國際航空運輸協會暨國際機場協會（Airports Council International）全球機場服務品質評比中，獲得「最佳服務獎」（Best in Service Award in Class）及「全球最佳機場」第二名，僅次於香港赤鱲角國際機場。在接下來的二〇〇五年到二〇一三年的調查，仁川國際機場連續八年在「亞洲太平洋最佳機場獎」（Best Airport in Asia-Pacific）和「中、大型機場最佳機場獎」（Best Airport-二千五百至 四千萬人）兩個項目，連續八年蟬聯了第一名寶座[7]。仁川國際機場以連接全世界五十三個國家的一百七十三個城市的機場網絡爲基礎，二〇一二年成長爲國際貨物運輸業績世界第二、國際旅客世界第九的超優良機場，世界機場歷史上第一個連續八年蟬聯了第一寶座，作爲打響韓國重要的名牌機場。

「機場」爲國門之首、國家的臉孔，而從韓國對於國際機場的注重，讓人再次體驗到，此言不假。

最後，我們補充韓國境內的機場來作爲結束。韓國的主要以及次要國際機場還有：釜山金海國際機場、濟州國際機場、首爾金浦國際機場、清州國際機場、大邱國際機場、光州務安國際機場以及襄陽國際機場；而國內線機場則有：群山機場、浦項機場、泗川機場、蔚山機場、原州機場、光州機場以及麗水機場等。

四、韓國交通素描：韓國力量最大的阿珠媽、醉漢，誰在韓國騎摩托車啊？

最後有關於韓國的住、行文化，我們將以韓國街道上的素描、有趣的現象來結束此章節。

首先言及韓國地鐵的百態，最讓外國人印象深刻的是，韓國力量最大的「阿珠媽」（「아줌마」，中文譯爲：「大嬸」，多指結婚之後的女性，或是年長的女性）。在筆者韓國求學階段，當地的語言學堂大多都會要求外國人發表的題目之一，就是：「韓國社會讓您印象最深刻的事情」，百分之八十的外國人，都會提到在地鐵的阿珠媽，爲什麼呢？因爲韓國長幼有序，注重倫理、輩分，孟子云：「老吾老以及人之老」，在社會上年輕人多體諒、讓座給一些上了年紀的人，這當然是個好現象。但是在韓國有些「倚老賣老」的阿珠媽或者是老伯伯可說是不少，尤其是在地鐵上，大家排隊等車，車子快進站時，總會看到一些「不友善」的阿珠媽、老伯伯插進排隊的隊伍中，這還不打緊，等到車子一來，有些阿珠媽還會從後面用力的推撞，衝進去車門內，或者是揮手臂阻止後方排隊的人，只爲了比其他人搶先進到車子內，看有沒有好

座位可以坐。當然，這樣的狀況可說是屢見不鮮，所以在語言學堂上學的外國人，遭遇這樣的狀況，都會一致同聲的說：「在韓國力量最大的就是搭地鐵的阿珠媽」，因爲她們隨時都可以輕易地把你拉扯開，搶到地鐵上車廂內的一席之位。

當然，除了阿珠媽搶座位之外，在地鐵車廂內，有所謂的「博愛座」，大多是禮讓給孕婦、年長者或是身體不便者，一般韓國年輕人是不太敢去坐這樣的位子。筆者曾經在車廂上看過，年長的伯伯對著占據博愛座的高中生大聲怒罵；當然，若是坐在博愛座的年長者，看到有比他年紀更大的長輩進來，也得趕緊讓座，免得挨到一陣毒罵以及白眼。

繼之，韓國地鐵車廂內，並沒有禁用外食、飲料的規定，所以在等車的月臺可以看到一臺臺的飲料販賣機存在；而在韓國地鐵車廂中，我們常常可以見到的是韓國人低頭族特別多，每個人幾乎人手一臺智慧型手機，而且韓國也是科技強國，諸如三星手機在全世界手機市場的占有率不是排第一就是第二。但有趣的是，韓國人又特愛開發新軟體，比如全世界或者是臺灣地區使用的智慧型手機傳訊軟體 WhatsApp、Line 或者是 wechat，但是韓國人當地盛行的傳訊軟體爲韓國人自己開發的 kakaotalk（카카오톡），其功能之強大、創新，讓前面提到的幾個軟體都試圖跟進此軟體裡面附加

的功能，如照片網誌、傳送禮物給朋友或者是可愛的電子圖片等等。當然，在地鐵車廂內，幾乎大家都是人手一支，有的忙著低頭手指運動來傳訊；有人則帶著耳機看手機電視來消磨在車廂的時間。

而到了每天晚上，約十一點半左右的最後一班地鐵入站，在車廂內莫過於出現一些喝醉酒的醉漢，全身酒臭味，聞之令人難受之外，有時候還東倒西歪的，多少會擦撞到他人，而被撞到的人也只能自認倒楣，萬一搭上話，搞不好喝醉酒的醉漢會做出什麼暴力行爲也不知道【8】。

來到韓國馬路街道【9】時，最讓我印象深刻的有兩件事情，第一就是韓國人隨地吐痰的習慣非常嚴重，有時候走在人行道上，都可以看到不論是韓國年輕人或老人，隨口一吐，甚不雅觀，雖然韓國天氣乾寒，常會讓人覺得喉嚨癢不舒服易生痰，但是這種隨時可吐痰的馬路現象，眞不可取。次之，在韓國，摩托車的數量少到驚人，因爲韓國的道路沒有設計摩托車專用路線，且在韓國騎摩托車還會被人家嫌是妨礙交通。當然，這也考慮到韓國當地的氣候因素，下雪天騎摩托車根本就是在滑雪，肯定摔得一塌糊塗。

那麼，在韓國會騎摩托車的人有誰呢？只有三種人，第一種是「警察」（경찰），

就是在執行公務的交通警察，但是大部分的警察還是開著車子比較多。筆者首次來到韓國境內，經過兩三個小時，在路上發現的第一輛摩特車的主人就是——警察先生。

第二種人則是所謂的外送人員。而外送的東西，就是我們之前在前方提到炸醬麵、比薩或者炸雞。而他們總是一手握著機車的手把，一手提著大大的保溫鐵盒，騎著車，而且騎的還是排檔車，技術很好，橫衝直撞，趕著外送，到目前筆者還沒有看到摔車的外送人員。

第三種就是所謂的：「飆車族」（폭주족，漢字：「暴走族」），筆者曾經親眼看過韓國飆車族，在新村梨花女子大學那邊，眞的就是「專業的」飆車族，留長頭髮，或者是小平頭，騎的是粗獷的哈雷重型機車，常見的配備就是綁著長長的黑色頭巾，黑色皮衣褲衣，十幾個人一組，那時，看到飆車族的很多女大學生都不敢在他們等紅綠燈的時候走過斑馬線（韓國的飆車族還是會等紅綠燈）。除此之外，其他騎摩托車的大多是學生玩票性質的，以在校園附近騎小型摩托車代步。

最後，有趣的是，韓國的車輛多，尤其是首爾市，韓國政府爲了控制車輛，在二○○六年以來推出了一種管制方法（十부제，五부제），就是在私人轎車上面貼上標籤（計程車除外），標籤上面標示著就是一天的日期，比如「금（요일）」（漢字：

「金（曜日）」，星期五），而下面的小字更爲有趣：

「제 차는 금요일에 쉬어요.」

我的車子星期五休息！

換句話說，這輛車子星期五的時候不能上道路，因爲要是首爾市的車子同時擠到街道上去，一定會癱瘓路上交通，所以，韓國政府採取這一道措施，來管制市內車輛上路，且提倡國民多多使用大眾運輸工具，以及「共乘」的概念。

肆、韓國育、樂文化

一、韓國文字的起源——訓民正音

人類文明的起源，有很大的原因是因爲「文字」的出現，文字的出現代表了人類可以把他們之前的經驗、歷史以及智慧傳承給下一代。而中國文自從象形符號甲骨文的誕生，到了《淮南子．本經》中記載的神話故事「倉頡」造字：「昔者倉頡作書，而天雨粟，鬼夜哭」等一事，以及漢代許愼《說文解字》一書，以「象形」、「指事」、「會意」、「形聲」、「轉注」以及「假借」等六書說[1]，來講解中國文字的創字原理，讓中國文字以一生十、以十生百、以百化千萬，造出無窮智慧的中國文字。而在其中我們可以看到中國文字博大精深之外，還有長久的歷史存在，也因爲有漢字的存在，才讓中華文化得以發揚光大，甚至影響到亞洲各國家。

所以筆者一直認爲，要認識一個國家的精神，最精準、最快的方式，不是透過什麼二手資料、文獻，而是直接透過他國的語言來閱讀這個國家。所以這個篇章，我們先來介紹韓國的文字。

當代韓國人所使用的韓文文字的起源，來自「訓民正音」（훈민정음），是在李氏朝鮮時代賢明的皇帝——世宗大王（세종대왕）所創制的。根據歷史的記載，

一四四三年，李氏朝鮮時代——世宗大王召集了「集賢殿」（집현전）——鄭麟趾（정인지，一三九六至一四七八）等眾多學者，根據朝鮮語的音韻結構以及參考中國音韻學，創製了專門記錄朝鮮語音韻的文字。當時這種文字被創造出來，大家都稱它爲：「諺文（或是：「彥文」，언문[2]）」。

而官方頒布的正式名稱則爲《訓民正音》。到了二十世紀初，即一九一二年，韓國當時的語言學家——周時經（주시경，一八七六～一九一四）所提出，而在一九二七年以「한글」（hangeul）爲名創辦了雜誌，韓國人才改以「한글」這一名稱來稱呼他們自己的文字。

有趣的是，我們在前面也提過大韓民國國名的來源、意義，同樣的，韓國人論及自己的文字，「한글」一詞中，朝鮮語裡「한」是「大」的意思、「글」是「文」的意思，所以「한글」又被理解爲「大字」或「偉大的文字」[3]。

那麼，爲什麼世宗大王要創製這種文字呢？他的動機又是什麼呢？我們可以從《訓民正音》的序章得知：

國之語音。異乎中國。與文字不相流通。故愚民有所欲言而終不得伸其情者多

矣。予為此憫然。新制二十八字。欲使人人易習。便於日用耳。【4】

當然，韓文文字剛問世的時候，遭到了韓國上流社會人士的排斥。有的官員甚至要求世宗大王廢除此種文字，因爲他們怕這種文字被中國人知道，會被嘲笑爲蠻夷之邦使用的「夷字」。

而就現存的古代文獻，我們可以看到不少的官員在私底下使用諺文，因爲跟漢字比較起來，諺文是比較容易書寫、學習的。

需要說明的是，韓文在字型結構上利於跟漢字夾寫，但是當時的韓國人是嚴格區分「韓」、「漢」兩種文字，在實際使用韓文的時候，並不會夾寫漢字。而另一方面，由於婦女普遍少有機會接受教育，她們即使會書寫，也大多使用韓文而不是使用當時被視作爲貴族文字、有水準的「漢字」。所以在朝鮮時代中期，雖然官場上仍然使用漢字，但民間百姓及婦女普遍都使用韓文來書寫。

而到了宣祖末年，當時的御醫——許浚（허준，一五四六至一六一五）更著手把漢字所寫成的醫學經典用韓文編寫解讀，利於醫術能在民間普及，他最著名的著書乃是《東醫寶鑑》，也因此他得到「韓國醫聖」之名。

繼之在十五世紀，朝鮮時代世宗大王集思廣益創製出來的的「訓民正音」，此書的結構又是爲何？如下所言：

《訓民正音》一書可以分爲「本文」（본문）、「解例」（해례）以及書末的「鄭麟趾序文」（정인지의 서문）。

而「本文」意在點明創制「訓民正音」創制的目的，在其中包含韓文的音價、活用法說明；而在「解例」則是分爲六個部分，分別是：

(1)「製字解」（제자해）：說明韓文創製原理、製字基準、子母音體系，與中國聲韻學的關係；

(2)「初聲解」（초성해）：說明初聲是什麼；

(3)「中聲解」（중성해）：說明中聲是什麼；

(4)「終聲解」（종성해）：終聲的本質爲何、以及包含八終聲法以及四聲解釋；

(5)「合字解」（합자해）：初、中、終聲三文字合起來的用字解（共二十五個單字用法），以及中古時代韓語的聲調再次說明；

(6)「用字解」（용자례）：共有九十四個單字爲例，除去上者三字合字的用例說明。

而「鄭麟趾序文」一文中，則是記載著「訓民正音」的創造者是誰，以及其文字的優越性、解例本編纂者及編纂目的銘記。

但是，可別認爲文字一被創造出來，就沒有經過變化，在經過近六百年，當時的訓民正音的文字和當今二十一世紀使用的韓國語有很大的差別。

但韓國學者認爲，韓文（한글）在極短的時間內，被突然創造出來非常不可思議，有的甚至極端地說，韓國語中除了組字的字母排列規則，以及長期從中國吸收來的漢語詞彙的讀音與漢語讀音類似之外，韓國語的整套文字系統幾乎是不受任何文字的影響。因此，關於韓國語的起源眾說紛紜，但根據目前韓國當地的語言學家姜信沆所著《訓民正音研究．訓民正音起源說》一章節中所指出，「訓民正音」的起源說有十大可能，分述如下：

第一、像人體發音器官起源說：雖然韓文是一種「拼音文字」，但是在原初設計「訓民正音」的世宗大王其實是想模仿中國「六書說」（象形、形聲、指事、會意、轉注、假借），形成一種象形文字，所以，我們可以在最原初的《訓民正音》版本，看到世宗大王的企圖心。此說主要的依據是在《訓民正音．解例篇》：「正音二十八字，各象[5]其形而制之。」

第二、古篆起源說：此說主要是依韓國史書《世宗實錄》中，世宗二十五年十二月記載：「是月上親製諺文二十八字，其字倣古篆」。

第三、梵字起源說：在韓國古代有幾位學者支持此論點。如成俔（一四三九至一五〇四）《慵齋叢話》：「其字體，依梵字爲之。」以及李睟光（一五六三至一六三九）《芝峰類話》：「我國諺書字樣，全倣梵字。」爲佐證。

第四、蒙古字起源說：此說主要是韓國兩位有名的儒學家所主張，李瀷（一六八一至一七六三）《星湖僿說》，以及柳僖（一七七三至一八三七）《諺文志》中記載：「我世宗朝命詞臣，依蒙古字樣……以製，諺文雖刱（音：創）於蒙古，成於我東」。

第五、蒙古八思巴文字起源說：主要是來自李能和（一八六九至一九四三）《朝鮮佛教通史》，認爲韓國語是參考中國的字母法，以及加上印度的梵文、八思巴文而成。

第六、高麗時代文字起源說：中景濬（旅庵，一七一二至一七八一）《韻解訓民正音》中主張是和高麗時代文字有關連，但此說不受主流接受。

第七、義理、象數起源說：因爲韓國語字形多是由橫豎直線而成，如ㄷ、ㅁ或者是圓形ㅇ，故此文字特徵與中國象數、易經以陰、陽（ㅡ陰及陽ㅣ）極爲相似的特性，故有此一說。

第八、像古代窗戶形狀起源說：這一說法很有趣，主要是德國學者 P. Andres Eckardt 主張的，因爲韓文文字書寫出來時，恰似古代窗戶的「田」字狀的窗欞樣，故認爲訓民正音起源於古代窗戶形狀一說。

第九、「起一成文」起源說：此說主張者，認爲韓國語的創造，起源自中國學者鄭樵（一一〇四至一一六〇）的「六書略」中的「起一成文圖」而來，「起一成文圖」中記載著：

> 衡為一、從為丨、邪丨為丿，反丿為乀，至乀而窮。折一為㇕、反㇕為㇄、轉㇄為㇗、反㇗為亅，至亅而窮。折一為㇕者側也。有側有正，正折為Λ、轉Λ為V、側V為<、反<為>，至>而窮。一再折為冂、轉冂為凵、側凵為匚、反匚為コ，至コ而窮。引而繞合之，方則為□、圓則為◯，至圓則環轉無異勢，一之道盡矣

第十、諸如其他起源說：有的言「訓民正音」起源自西藏文字、八里文字、或者是契丹文字等等。

以上就是有關於「訓民正音」的十大起源說。

而在前面我們提到，世宗大王所創立出來的二十八個基本的韓文文字，與韓國人當代二十一世紀的韓國語是有所差別、出入的，如底下爲十五世紀的韓文最初創製了二十八個基礎字母，分別如下：

子音部分：ㄱㄴㄷㄹㅁㅂㅅㅇㅈㅊㅋㅌㅍㅎㅿㆁㆆ

母音部分：：ㆍㅏㅑㅓㅕㅗㅛㅜㅠㅡㅣ

但是隨著韓國語音韻結構的變化，有四個音消失（ㆁ、ㅿ、ㆆ、ㆍ），於是今天大家所看到的韓國語就只剩下二十四個基礎字母。而這二十四個基礎字母相互組合就構成了今天韓國字母表的四十個字母。

韓國語字母，子音部分：

ㄱ、ㄲ、ㄴ、ㄷ、ㄸ、ㄹ、ㅁ、ㅂ、ㅃ、ㅅ、ㅆ、ㅇ、ㅈ、ㅉ、ㅊ、ㅋ、ㅌ、ㅍ、ㅎ

韓國語字母，母音部分：

ㅏ、ㅐ、ㅑ、ㅒ、ㅓ、ㅔ、ㅕ、ㅖ、ㅗ、ㅘ、ㅙ、ㅚ、ㅛ、ㅜ、ㅝ、ㅞ、ㅠ、ㅡ、ㅢ、ㅣ

因此，在韓國人當代生活中，並沒有忘記當時創造出韓國文字的世宗大王，不僅韓國的紙鈔一萬元鈔票上面的人頭像，以他們引以爲傲的世宗大王肖像爲圖之外，在韓國各大地方，也可以看到以世宗爲名的道路、文化中心，以及紀念館等等，可見韓國人對於他們語言的發明者是多麼的景仰以及尊敬[6]。

二、韓語中漢字的愛恨情仇

筆者在前文言及，中國文字博大精深、歷史悠久，從古代就一直影響到鄰近的國家。當然，除了我們熟悉的日語中漢字的使用，其實在韓國中，將近有73.6%的比重，都是漢字、漢語詞，只不過韓文並沒有像日語一般，直接標示出漢字而已。

而論及韓文中的漢語詞，我們先從結論講起，也就是在觀察現存的韓國語，可以得出來韓國語的詞彙，大致可畫分爲四大類，分述如下：

第一大類，固有詞（고유어，固有語）：固有詞是韓國語本身就有的詞彙，這些詞彙多是韓國日常生活中常用到的動詞、名詞，比如韓語動詞「가다」（去）、名詞「밥」（飯）等；以及一些具象的名詞，比如「나무」（樹）、「물」（水）等等之類，都屬於韓國語的固有詞。

第二大類，漢字詞（한자어，漢字語）：漢字詞意謂是借用漢字的涵義組合成詞彙，然後再用韓國語音來唸漢字寫成的詞。這類詞彙在韓語中占的比例極大，也相當重要。因爲韓國語相當多的抽象概念或現代事物或概念需要用漢字詞來表達。如「동정심」（同情心）、「순간」（瞬間）和「현상학」（現象學）等等。

而韓國語漢字詞除了來自古代的漢語以外，還有相當大的一部分是在日本殖民期間吸收日本語中而來的，如：「とりけし（取消）：취소（ch'ui so）」、「わりびき（割引）：할인（hal in）」、「にもつ（荷物）：하물（ha mul）」等等。

除了上述從古漢語和日本語吸收漢語詞兩種狀況以外，韓國語也有爲數不多的自製漢字詞，例如「미안」（未安）。

第三大類，外來詞（외래어，外來語）：在韓國語中，所有不能轉換成漢字書寫的非固有詞（除了第四大類，混合詞之外）都算外來詞。這些詞彙在二戰以後，與西方文化交流繁雜之後迅速地擴充，其中又以英文的辭彙爲最多，例如「컴퓨터」（computer）、「버스」（bus）等等。也有來自德語的例字，如「아르바이트」（Arbeit）。也有少數一些外來詞是藉由日本語傳入的，比如「빵（麵包）」就是葡萄牙語的「pão」被借入日本語成了「パン」，然後再被借入韓國語。

第四大類，混合詞（혼종어，混種語）：混合詞是以上言及到的三種詞的混合型。

而在上面，我們可以看到，韓國語詞彙中，包含著漢字詞（第二大類），也就是說韓文並沒有完全脫離漢字而存在的一種文字。其實在韓國歷史或者是文字發展過程中，我們常常可以看到韓國人對於漢字的愛恨情仇的情節產生。因爲，在十五世紀，韓國人創立了自己的文字之時，韓國人普遍並沒有重視此文字，貴族人家、知識份子甚至認爲這種「諺文」跟「漢字」比較起來，醜陋不堪，根本就是野蠻人用的「夷字」，所以只在民間中流傳使用，但是到了二十世紀，第二次世界大戰時，朝鮮半島因爲被日本占領以後，朝鮮民族開始覺醒，他們開始將韓文看做是自己民族的文字、自己民族的驕傲，並開始提倡使用。而這個時期受到日本語書寫方式的影響，人們在書寫韓文的時候，也夾用了漢字，形成了「韓漢夾寫文」（或稱韓漢混用文、或稱國漢文）。

何謂「韓漢夾寫文」呢？我們舉底下的四個例子來解說這個狀況：

1.純韓文：

지금으로부터 삼년 이후에 충도를 집지하고 과실이 없도록 맹서한다.

2.韓漢並書：

지금으로부터 삼년 이후에 충도（忠道）를 집지（執持）하고 과실이 없도록 맹서한다.

3.韓漢夾寫（韓主漢從）：

지금으로부터 삼년 이후에 忠道를 執持하고 과실이 없도록 맹서한다.

4.韓漢夾寫（漢主韓從）：

只今으로부터 三年以後에 忠道를 執持하고 過失이 없도록 盟誓한다.

而第二次世界大戰以後，韓國人在書寫時，是以韓文當作主要書寫文字，轉而將漢字作爲輔助。

一九四〇年代末到一九五〇年代初，甚至官方機構也明言宣令廢除了漢字，轉而施行了純韓文書寫政策。如一九四五年，北韓首領——金日成（김일성，一九一二至一九九四），發出指示要求朝鮮共產黨（今朝鮮勞動黨的前身）黨內的所有出版物不要夾用漢字，而應該使用人民大眾看得懂的韓文來進行發行。一九四七年，北韓的《勞動新聞》裡，也開始在部分版面中使用純韓文書寫、印刷；到了一九四九年，則徹底排除漢字，全部採取純韓文印刷，而這也意味著「韓漢夾用書寫朝鮮語」的時代正式結束。然而北韓特殊的政治體制，廢除漢字的政策並沒有受到民間與學術界的強烈反對，這項政策一直被北韓政府推行到了今天。

但是在南韓，情況可不像北韓這麼簡單了，因爲在韓國當地的民眾與學術界裡面，反對純韓文與支持純韓文的勢力相當，又加上每任總統對漢字與韓文的看法又不一致，所以南韓政府時而恢復漢字的使用，時而韓漢並書，時而又要求使用純韓文，一直搖擺在這兩個政策之間。

如一九四五年二次大戰之際，美軍臨時管制政府，學務部根據「朝鮮語教育審議會」的意見，在其公布的語言政策中，明文規定國民小學和國中學校的教科書不能使用漢字，且政府官方文書也要用純韓文書寫，除非是不得已的情況下，才可以並寫漢字。但是這項政策的推行範圍並沒有觸及到民間以及社會的文字生活，但仍成了韓語世界中官方廢除漢字的首例。

一九四八年，南韓政府的「制憲會議」中制訂了相關的韓文專用的法律。一九五〇年，內務部的通令容許夾寫漢字，但是五年之後，於一九五五年，此通令又被推翻。一九七〇年，根據當時總統——朴正熙（박정희，一九一七～一九七九）的指示，政府推行強化韓文專用政策，鼓勵出版界使用純韓文。但是，又在一九七四年，文教省公布「教科書韓漢並書方針」，結束了一九七〇年以來的朴正熙「禁用漢字」的「寒冬」。而到了一九九八年，當時的總統——金大中（김대중）發表「漢字復活宣言」，而在這次的總統指示下，韓國境內開始進行道路標誌以及在各大火車站、公車站用漢字與韓文共同來標記。繼之，在一九九九年八月七日，金大中總統又發布總統令，要求在必要的情況下並書漢字以確保公務文書的內容準確的傳達。但是在二〇〇五年漢字復活運動的力量開始減弱，反而讓主張使用韓文文字書寫的諺文專用派開始反撲，

同年度的一月，韓國「國語基本法」規定公文書的漢字以括弧使用，之前的總統令力量變得有限。

但是另一方面，也有韓國人肯定漢字教育所帶來的國際競爭力。如果可以寫漢字，那麼與中國大陸、臺灣、香港、日本及新加坡等地之間即可用筆談的方法來進行溝通。韓國人若貿然丟掉東亞的共同文字「漢字」，就是等於減少國際競爭力。基於這個觀點，使得漢字在企業面試中的分數比重增加了。而目前韓國政府已經計劃從二○一一年開始，將漢字學習列入小學正規教育課程。而在民調方面，百分之八十三的韓國家長贊成恢復漢字學習。

除此之外，韓國教育課程評價院在一份調查數據指出，韓國家長有百分之八十九支持恢復漢字教育，且「韓國語文政策正常化促進會」會長李漢東表示，「小學、中學與高中排除漢字教育，這有必要改進。」他也談到，韓國二○○五年制訂的國語基本法具備違憲要素，要求公文用韓文書寫，這項規定違反韓國憲法第九條，「傳統文化繼承、發展與致力民族文化爲國家義務」，要求恢復韓文與漢字混用等等。

因此，綜合以上我們提到的，漢字在南韓境內的爭執，仍是不斷，但可以看到的趨勢是漢字在當代韓國人的生活中，比重是越占越重，如一九五○年韓國文教部公布了一千個教育漢字。七年後，教育漢字擴充到一千三百字。一九七二年文教部公布了一千八百個基礎常用漢字。一九九一年四月一日大法院又公布了二千七百三十一個「人名用字」。而現今的韓國因爲全球化、經濟的關係，中文也漸漸風靡在韓國全國境內。

而當代的北韓政府，雖然政府也強制推行純韓文書寫的政策，但是並不是沒有反對的聲浪，一九五八年，在延邊地區語文研究會準備委員會的一項關於是否恢復漢字的調查中，主張恢復的意見成了優勢意見，一九六一年他們還向上級政府請求恢復漢字。一九八〇年代，由於中國大陸改革開放的結果，朝鮮族社會再度出現要求恢復漢字的呼聲，但是此時反對的勢力也很強，雙方針對是否恢復漢字與否等議題進行了激烈的爭論。

行筆至今，我想讀者可以清楚看到，使用韓文文字的南、北韓國家對於漢字，可以說是又愛又恨，情結十分複雜。但是，筆者自己的觀察是，在韓國當地，學習漢語的韓國人漸漸居多，從之前韓國人選修的第二外語多爲日語或者是德文，到目前已經以學習「中國語」爲大宗，一陣陣的中國文字熱潮，不僅僅是席捲全世界，同時也席捲了韓國。

但可惜的是，因爲韓國人學習中文大多是爲了跟中國大陸做生意、往來，以漢語拼音以及簡體字爲大宗，但是，筆者常常對身邊的學習中文的韓國朋友說，擺開說的中文不算，其實學習中文到最後，還是要回歸到「繁體字」，因爲繁體字，才能代表眞正的中國文化，不會如同當時受到歷史背景，而創造的「簡體字」來「簡化」了中國文化。

三、補習狂熱教育風，只為了比登天還難考上的韓國三大名校 S. K. Y.

韓國單詞中有著一詞「사교육」，對應的漢字就是：「私教育」，也就是我們俗稱的「上補習班」。

而韓國家長督促自己子女補習狂熱的教育風，更是在亞洲地區數一數二的，而我們先從幾個統計數據講起。

儘管韓國經濟衰退，根據韓國中央銀行統計數據顯示，在二〇〇八年度，韓國人民教育方面的總支出卻是創歷史新高，達到三十九點九兆韓元，較去年二〇〇七年增加三兆韓元，是二〇〇〇年人民教育總支出十七點五兆韓元的二點二十八倍；而其中用在私人補習教育的金額，自二〇〇〇零年到二〇〇八年，八年的期間，其中成長了三倍，達到十九兆韓元，占二〇〇八年韓國人民教育總支出的百分之四十七點六，而相較於二〇〇〇年度私人補習教育金額占當年韓國人民教育總支出的百分比只爲百分之三十五點一。

若從二〇〇八年韓國家庭平均支出額度言，平均每一個韓國家庭用在教育方面

（包含正式上學校以及下課後輔導的補習班費用）的支出爲二百四十萬韓元，約占家庭平均支出總額的百分之七點五，但是二〇〇〇年度，同樣的此項支出，約占家庭平均支出總額的百分之五點四。繼之，再深入分析，二〇〇八年平均每一家庭用在私人補習教育方面的金額爲一百一十萬韓元，爲我們上述每一家庭平均教育總支出二百四十萬韓元的一半，而在往年的二〇〇〇年度，每一家庭用在此私人補習教育的平均支出金額，僅占家庭平均教育總支出額度的三分之一而已。

來到二〇〇九年，整年度韓國人花在補習的費用高達一百九十億美元，相當於韓國政府教育經費的一半以上[7]。而二〇一一年的統計，韓國中、小學生參加過補習的比例爲百分之八十八點八。韓國私人課外輔導教育市場的規模爲三十三兆五千億韓元，相當於韓國國內生產總值的百分之三點九五，超過了韓國政府在二〇一一年審核通過的教育預算。而到了二〇一二年，更有資料顯示出來，韓國小學生下課之後，不論是上安親班，或者是學音樂、美術、第二外語或者是請家教等等才藝，我們通稱的「補習」，已經高達百分之九十以上，且韓國民眾在聘請補習老師的費用，已經相當於政府公共教育支出的百分之八十。

對於供給家裡小孩子唸書的錢、補習費，韓國家長可以說是下手不手軟，也不吝嗇，追根究柢仍是受到亞洲傳統意識：「十年寒窗無人問，一舉成名天下知」的影響之外，更重要的是，我們可以看到「教育也是金錢打造出來的」的資本主義精神發揚其中。而這樣龐大的補習費用支出，反映在韓國家庭開銷中，每戶人家的所得，約有百分之二十五至三十三是花在補習費用上，家中子女每週補八科，算是家常便飯，補到十一科算是正常。有些家長甚至請來「學業經紀人」替孩子安排補習課程，而終極目的就是要把自己家中的小孩送上一流大學，之後謀得一份好工作。

「錢力就是學歷」，這句話在韓國更是血淋淋地表現出來。因爲調查顯示，成績優秀的學生，跟一般成績中下的學生比較起來，前者參加課外輔導的時間和費用更高，同樣地，家裡支出的補習費用比率也就越高，而父母親所得也相對要更高才行；從家長的學歷層面言之，在韓國擁有大學學歷的家長，有百分之九十讓孩子參加課外輔導班，而只有高中學歷的家長，讓子女接受課外輔導的比例爲百分之五十。月收入七百萬韓元的家庭爲子女支付的課外輔導費用，比月收入一百萬韓幣的低收入家庭高出近十倍。

透過以上我們言及的數據，就可以知道韓國補習風潮有多麼盛行了，當然這樣的問題，韓國政府也有注意到，而歷屆韓國政府都對課外補習此社會現象提出解決政策，如金大中在就任韓國總統時曾發誓，要「把年輕人從補習課程中解放出來，把學生家長從課外補習費用的負擔中解放出來」；而前任韓國總統李明博競選時也承諾，要實現「公共教育雙倍，私人教育減半」的目標等等。但是事與願違，在韓國近代社會的發展階段，補習熱潮並沒有像總統們喊口號這麼簡單，而有所消退。

而主要的原因，從內部分析起，大多是韓國政府為了盡快達到效果，都曾經一度採取了簡單、粗糙的禁止政策為主軸來應付之。如一九八〇年，韓國政府公布了《教育規範化和消除過熱的課後補習方案》，作為國內全面禁止課外輔導教育宣言。其禁令包括禁止學校教師提供補習服務，禁止通過有線電視節目等方式補習，同時通過徵收高額營業服務稅和抬高辦學資質等措施，來逐步限制和關閉課外輔導教育機構。但是這樣的禁令，當地韓國民眾可不領情，批判說：「政府通過禁止課外補習來應對中小學教育存在的不足，就好像通過要求全體人民貧困來減少搶劫一樣荒唐。」而在一九九〇年代之後，韓國政府開始反省之前的禁令，漸漸採取以替代課後補習的政策下手，如開始利用公共教育資源介入補習，通過「放學後教育計畫」以及衛星電視和廣播放送等方式，提供私人課後補習的替代品，減少家庭補習支出。

又如在一九九五年，韓國提出構築「新教育體制」的改革方案，由公立學校組織開展對學生的課外輔導，根據學生興趣和實際水準來實施補充、互補型補充學習，而收費比社會上的各個補習班少得許多。

但是，到了二〇〇〇年，韓國最高法院宣布，政府的課外補習此一禁令明顯違反憲法，不得法源依據，到最後，韓國政府禁止課外補習的政策也雷聲大雨點小，無疾而終。

繼之，在二〇〇五年韓國正式推出由公立學校實施的「放學後教育計畫」。按照該計畫，公立學校利用放學後的時間，向學生提供保育、託管、學術課程補習、藝術課程輔導和娛樂活動等服務。中央和地方政府提供專項經費支持，各大學和研究機構開發具體的課外輔導專案。在政府經費支持下，不僅城市學生能以低於市場的價格滿足其個性化學習需求，而且農村和低收入家庭子女也有條件接受免費的課外輔導，縮小與高收入家庭子女因收入差距帶來的教育差距。而最近這幾年來，韓國政府不斷加大、擴大「放學後教育計畫」的實施成效和經費投入，據韓國教育科學技術部統計，目前已有百分之九十九點八的中小學開辦了「放學後教育」，近半數中小學生參與其中，試圖減低課後補習的風潮。

但是，我們要注意的是：不管是課後補習也好，或者是韓國政府所促動的「放學後教育計畫」，明顯都是走著同一邏輯，也就是「讓韓國學生在一般上學唸書之後，沒有休息的時間」，下課你不要去補習，由政府設計出來政策，來幫你們家的小孩子補習。

韓國學生苦啊，從小學、國中到高中，接受教育的目的，只爲了一件事情，進入一流大學、名牌大學，出了校門，以保障未來的人生發展。

眾所皆知，在韓國的三大名校，國立首爾大學（Seoul National Univ.）、高麗大學（Korea Univ.）以及延世大學（Yonsei Univ.），他們是所有韓國家長盼望小孩子能進去的三大名校，因爲能進入這三所名校的學生都是菁英中的菁英，而這三所學校在韓國人口中俗稱：S. K. Y.，比登天還難考上的學校。

而這三所大學究竟有何魅力、功績？現在就讓我們來介紹。

㈠首爾大學（서울대학교）

又稱國立首爾大學，位於韓國首爾的國立大學。校訓爲拉丁文：眞理是我的光明（Veritas lux mea，진리는 나의 빛）。

其前身是日本於一九二四年創立的京城帝國大學，但是當地韓國人卻不承認此前身。而在當時，首爾大學又簡稱「城大」，是日本九所帝國大學中的第六所帝國大學，也是韓國最早的國立綜合大學，在當時設有預科、理工學部、法文學部以及醫學部。

在日本統治時期結束後，原京城帝國大學被改名為「京城大學」（경성대학），並不再被認為是日本的大學，京城大學後於一九四六年八月二十二日根據駐朝鮮美軍政廳發布的第一百○二號命令關閉學校，並且在同年十月十五日，根據《關於國立漢城大學設立之法令》（國立서울大學校設立에 關한 法令）合併漢城附近十間學校[8]而成立，正式更名為「國立首爾大學」，是韓國十所國立旗幟大學[9]中最早建立的一所。

而第一任校長是在美軍擔任牧師的哈利・安司惕（Harry Ansted）上尉。其法學院是由原京城大學法學院與京城法學專門學校（경성법학전문학교）所合併。第二任校長李春昊（이춘호）則在一九四七年十月接任。一九五○年九月，併入漢城藥學大學（서울약학대학，原：京城藥學專門學校，경성약학전문학교），改組為藥學院。

朝鮮戰爭期間，漢城大學曾經與其他韓國的大學遷移到釜山。主校區原位於鐘路區，一九七五年起，學校的大部分陸陸續續都遷到冠岳山區。鐘路區的舊校區現在是醫學院校區。農學院和獸醫學院以前在水原市，在二○○三年亦遷到冠岳山校區。

而漢城（今首爾大學）大學一直沿用李朝朝鮮時代以韓國首都——「漢城」來命名校名，但是因爲容易跟在首爾市內，另外兩家大學首爾市立大學（University of Seoul，爲首爾市興辦之市立大學）及私立的漢城大學（Hansung University）混淆。所以，二〇〇五年，韓國政府將漢城正名爲「首爾」（Seoul）後，漢城大學亦改稱爲「首爾大學」。而目前首爾大學大學生人數共有一萬六千六百二十三位、研究所學生人數一萬一千三百五十五位、專任教授人數爲一千八百八十三位。

而出身於首爾大學的名人，最有名的莫過於韓國第十四屆總統：金泳三（人文學部哲學科畢業），除此之外，還有韓國眾多的國務總理也是從此學校出來的，如第十一、三十一屆國務總理金鍾泌（師範學部畢業）、第三十三屆國務總理李漢東（法學科畢業）、三十五屆國務總理高建（政治學科畢業）；除此之外，韓國著名的外交官、第八任聯合國祕書長潘基文，也是從首爾大學畢業[10]。

當然，除了這些政商名人之外，提到從首爾大學出來的女演員，莫過於兼具美麗與智慧的金泰熙（衣類學科畢業）[11]。

最後，根據統計，在二〇〇九年法國巴黎高等礦業學校（EMP），基於各校畢業生在《財富》雜誌發布的世界五百強企業中擔任首席執行官的人數指標進行調查，在世界大學排名中，首爾大學列爲韓國第一位。且同時，首爾大學在二〇一一年QS世界大學排名中，排名韓國第一位，亞洲第六位，世界第四十二位；泰晤士高等教育世界大學聲譽排名韓國第一，亞洲第八位，世界五一至六十位；世界大學學術排行榜全球大學排名一百〇二至一百五十位。

㈡「高麗大學」（고려대학교）

高麗大學位於首爾特別市城北區安岩洞，是一所私立研究性綜合大學，創校於一九〇五年，是韓國歷史最悠久的大學之一。校訓爲：自由、正義、眞理（자유，정의，진리）。而目前高麗大學設有十六所本科學院和二十所研究生，大學生人數共有：二萬〇七十三位、研究所學生人數：五千一百〇九位、教授人數爲：四千〇六位，以及校內職員爲：三百八十一位。

而高麗大學前身成立於一九〇五年五月五日，創校初期爲私立普成學院（사립보성전문학교），以「教育救國」爲其口號創校。一九二九年因爲遭受到全世界的經濟不振，學校財務經營狀況不佳，與一九三二年由中央中學校和《東亞日報》合作、經

營。一九三二年起，由金性洙擔任校長，在安岩洞六千三百坪的土地上，開始建設，也就是現在的高麗大學本部。

繼之，在一九四四年更名爲：京城拓殖經濟學院（경성척식경제전문학교），光復以後，成立了政法學院經商學院和文科學院，成爲綜合性大學，同時並更名爲高麗大學。而在二〇〇五年五月舉行了一百週年校慶。其學校歐式建築風格，被韓國人稱爲「韓國的哈佛大學」。

而在高麗大學傑出校友中，最著名的莫過於前任韓國總統李明博。除此之外，SK 集團董事長崔泰源、還有前職棒選手、韓國著名國家代表隊教練宣銅烈也是從這所學校畢業出來的。

除此之外，如國務總理金相浹（김상협）；韓國社會科學院院長金俊燁（김준엽）、前首爾市長吳世勛；KB金融集團總裁魚允大；國家代表隊足球選手洪明甫、朴主永以及車范根，以及著名女單花式溜冰運動員金妍兒等人，也是從這高麗大學畢業的。

最後，根據學校排名調查，二〇〇八年，高麗大學在法國國立巴黎高等礦業學校（EMP），基於各校畢業生在《財富》雜誌發布的世界五百強企業中擔任首席執行官的人數指標進行調查，在世界大學排名中列第六十四位。而在二〇一〇年，高麗大學在QS世界大學排名中排名一百九十一，亞洲排名第二十六。

㈢延世大學（연세대학교）

延世大學是一所位於韓國首爾西大門區的基督教私立研究型綜合大學，由首爾的新村校區、原州校區、日山校區、還有即將建成的松島國際校區而組成，是韓國第一流的高等學府。

延世大學前身創建於一八八五年，是韓國歷史悠久的大學之一，校訓為：「眞理、自由」，校訓的來源可以透過校徽得知，此大學的校徽是一面盾牌，上面刻有韓文子母「ㅇ」（代表著天），「ㅡ」（代表著地），「ㅅ」（代表著人），在「ㅇ」的左面是本書（代表「眞理」），右面則是把火炬（代表著「自由」），語出約翰福音八章三十一至三十二節中的「你們若常常遵守我的道，就眞是我的門徒；你們必曉得眞理，眞理必叫你們得以自由。」。

而延世大學是在一九五七年一月，由「延禧大學」和「世博蘭斯醫科大學」兩所大學合併而來的，而「延世」則是從兩校各取一字合併而成。

「世博蘭斯醫科大學」[12]的歷史可追溯到一八八五年四月十日，爲韓國當地第一所西式醫院「廣惠院」的建立。而延禧大學[13]建於一九一五年，是韓國歷史上最早建立的現代大學之一，原名爲「朝鮮基督教大學」。這兩所大學在一九二〇年代開始，就存在密切的交流合作。一九五七年一月兩校正式合併爲今天的「延世大學」。

而目前延世大學有三個校區，分別爲：新村本館、原州以及松島國際校區。其中，以在首爾市最熱鬧，同時也擁有其他三間大學（梨花女子大學、弘益大學以及梨花女子大學）的「新村本館」最爲著名。目前延世大學，大學生人數共有二萬七千〇八十位、研究所學生人數一萬二千一百一十四位、專任教授人數爲四千五百五十一位，以及校內職員爲一千〇六十九位。

而在延世大學傑出校友中，有國務總理韓昇洙、金碩洙，以及大宇集團總裁金宇中等人較爲著名。

根據學校排名報導，二〇〇八年，在法國國立巴黎高等礦業學校（EMP），基於各校畢業生在《財富》雜誌發布的世界五百強企業中，擔任首席執行官的人數指標進行的調查，在世界大學排名中列第八十九位。二〇一一年，該校在QS世界大學排名中排名一百四十二，在亞洲排名十八。

而這三所大學在韓國之所以有名，舉筆者親身的經驗爲例，在韓國當地每年九月初，約計三天時間，韓國高麗大學以及延世大學都會舉辦所謂的「高延戰」（고연전，高麗大學學生稱），而延世大學學生稱爲「延高戰」（연고전），即以五項運動：棒球、籃球、橄欖球、冰上曲棍球以及足球來作爲兩校交流活動，而這時候，高麗大學的學生就會身穿代表學校象徵老虎（호랑이）圖騰的紅色上衣、延世大學學生身穿代表學校象徵鷹（독수리）的藍色上衣，前往各個運動場地進行加油，在當天，地鐵一定會擠滿穿著這兩顏色的學生出現，當天比賽結果也會登上韓國國內各大新聞，爲一大特徵。

而這三所韓國著名的「S. K. Y.」，也是苦受補習風盛行之下的韓國學生夢寐以求想進去的大學。

四、盛行的介紹團、相親

韓國生活壓力大，自殺人數可以說是全世界數一數二。根據南韓大報《朝鮮日報》引用韓國統計廳《二〇〇六年韓國的社會指標》的數據報導，一九九五年，每十萬個死亡人口中，死於自殺的人數爲十一點八位，居國內死亡原因第九名；而到了二〇〇五年，每十萬個死亡人口中，死於自殺的人數爲二十六點一位，占整個死亡原因中的第四位[14]，自殺人數數據繼續往上攀升，到了二〇一〇年，南韓平均每天有四十人自殺，又較二〇〇八年成長近百分之十九。

在首爾，自殺場所最盛名的莫過於漢江，經常傳出因爲生活壓力大，而前去漢江跳江自殺的消息不斷，政府爲了喝阻這些前去漢江跳江自殺的人，還特別在漢江附近貼上：「請再一次好好想一想」這種提醒的標語。好笑的是，這些自殺的人看完這樣的標語，仍義無反顧地跳江，這些標語並沒有降低自殺的人數，可見韓國生活壓力之大。

當然，我們可以從這樣的自殺數據中看到很多潛在韓國的社會現象，如物價高漲、貧富不均或者是當地韓國人生活不快樂、人與人之間疏離感加大等等，或者用筆者熟悉的詞語，馬克思（Karl Heinrich Marx，一八一八～一八八三）提出來的資本主義社會必然的結果，即人的「異化」（alienation, Entfremdung，又譯「疏離」）盛行。

而在這樣「變形」的社會[15]，韓國人之間談戀愛的方式也顯得獨特不同，讓筆者印象深刻的即是韓國當地的「介紹團」（소개팅），以及「相親」（맞선）兩方式。

「介紹團」，顧名思義，就是透過學弟妹，或者是學長姐的介紹，以單身男女爲主，介紹給雙方來進行聯誼，而此介紹活動通常盛行在校園內以及社會中。說來也有趣，依照我自己的理解而言，人出了社會，因爲有了職場，生活也比較固定，認識的人也就是生活中常見的辦公室同事，生活圈比起大學生活顯得狹小多了，所以，「介紹團」若是出現在社會職場上，倒不顯得奇怪，反倒是韓國人大學生上大學，在校園內必修的愛情學分，有很多也是透過「介紹團」交到男女朋友的。

而這樣的「介紹團」，可不是單純男女雙方想要認識朋友，有資格接受「介紹團」活動的人，首先第一條件就是：沒有男女朋友的人；而參加「介紹團」活動的人，都是以想要交男女朋友的人爲主。

「介紹團」透過朋友介紹，雙方見面，萬一聊得來，大多以「交往」爲前提進行會面，極少數只想要「單純多認識朋友」，如果有的話，在「介紹團」這樣的活動中，是不受歡迎的。

爲什麼會這樣呢？因爲在校園內韓國人讀書忙，生活急，加上又要打工賺錢繳高額學費，哪有時間亂槍打鳥慢慢當朋友呢？若眞想交個男女朋友，直接以介紹團來交往，修大學的戀愛學分最直接了！

那麼，來到社會，韓國人就不忙了嗎？不，我們在前面有提到「介紹團」除了在校園盛行之外，在社會職場也頗爲盛行。同樣地，「介紹團」的目標也是以介紹單身無男女朋友的人，快速成爲情侶，進行交往、配對的活動。

爲什麼會這樣呢？韓國人在社會職場打滾，加班乃是常事，生活步調快，自己平常又要利用工作之餘進修，來保持自己的競爭力，哪有時間去認識新朋友？那麼，就直接透過介紹團來交男女朋友吧！

萬一男方來到三十一歲以及女方來到二十八歲的適婚年齡[16]，身邊還沒有對象的話，那該怎麼辦呢？這時候，韓國人進行的可不再是「介紹團」了，而是「相親」。

「相親」顧名思義，就是以「結婚」爲前提進行的會面，而此活動在韓國當地社會中，風氣更爲盛行，就由朋友或者是中介的安排，男女雙方見面第一句話就是詢問對方的職業、學歷、年收入或者是家庭背景等等「條件」，條件配得上或者是滿意的，再進行一些基本的約會活動，而參加完相親活動完，不出一兩年，甚至三個月完成結婚大事的人也有。

我們問韓國人：會不會太現實？會不會太快？

他們一定會說不會啊，結婚只不過是人生的一個過程，花了大半時間唸書、出了社會拚命往上爬，哪有時間談戀愛呢？今天好不容易終有點成就、條件，當然希望能找到門當戶對的對象結婚，且我們到了適婚年齡，心智成熟，因此也沒有時間談個轟轟烈烈的戀愛了，「相親」多麼方便啊！

的確，在自殺率這麼高的韓國社會、生活壓力極大的國家，談戀愛、結婚一切從簡、從速，因此也就盛行著獨特的「介紹團」、「相親」等活動的存在了。

五、外貌至上主義的韓國社會

二〇〇九年，韓國Nocut電子新聞報導，二十至五十歲的韓國女性，將近有百分之三十以上的人，也就是近二百四十萬人都接受過所謂的「整容手術」或者是「美容手術」；而二〇一一年據韓國《中央日報》以及英國《每日郵報》報導指出，英國《經濟學家》雜誌近日以「國際美容整容學會」的各國會員爲對象進行的調查顯示，以二〇一一年爲基準，韓國接受整容手術的人口比例全球最高，堪稱世界第一整容大國；而就整容手術的「總量」而言，美國排名第一，二〇一一年共有三百一十一萬次，其次第二是巴西的一百四十五萬次、第三則是中國（一百〇五萬次）、第四是日本（九十五萬次），而韓國以六十五萬次的數量第七位。

先別提及這些客觀的數據，我想就一般民眾提到韓國，首先浮起的印象，「整容」一定是其中之一；的確，我想臺灣也是這般看待韓國的，讓筆者印象最深刻的一次，乃是臺灣暢銷的電視劇《痞子英雄》中第一集的開場，就是描繪男主角躺在手術檯上，接受韓國醫方的整容手術。可見大家對於韓國人的印象，跟「整容」是脫不了關係的。

當然，在社會中這樣盛行的風氣一定其來有自，就我們在前文提到韓國自殺率

高，生活壓力大，萬一不是出身富裕家庭，家世背景雄厚，出了社會大家看的就是「學緣」（학연，同一所學校畢業的同門師兄弟），「學緣」指的就是：看你是不是從S. K. Y.名牌大學出身的；萬一你什麼都沒有，那你的外表就更不能輸人家。

所以，韓國人自己也就發明了這樣一句韓國語，來描繪自己的社會，即：「외모지상사회」（外貌至上社會）一語，特別在韓國當地的女性身上更顯得嚴重。

的確，從某個角度而言，我們的五官：「眼耳口鼻皮膚」對應出來的五覺：「視覺、聽覺、視覺、味覺、嗅覺和觸覺」，但由於「視覺」相較其他四覺範圍更廣，我聽不到的東西，我可以看到，同樣地，我觸碰不到的地方，我可以看到，所以從某個角度而言，人是視覺性動物。

因此，在韓國的社會，「韓國人的自信心是建立在他人的目光上」，萬一你身材走樣，快點節食減肥，快去上健身房跑步；你皮膚不好，快使用BB霜，或者是做好皮膚管理；你臉太大，快去做臉部局部減肥，萬一減不下來就去進行「削骨手術」吧！為什麼？因為要讓人家看起來好看、很美！

甚至，韓國家長對此整形風也不以為意，甚至還贊成，在家中子女成年之後，萬一子女對自己外貌感到不滿意的話，家長也會給予整形費用當作成年禮物，讓他們去整形。

有趣的是，筆者曾跟一位韓國朋友聊天，一個來到首爾討生活的釜山小女生。有一天，我看著她可愛的單眼皮，開玩笑地問著她說：「妳怎麼沒有去割雙眼皮呢？最近韓國人割雙眼皮的人可多呢！」只見她也笑嘻嘻地回應著我：「因爲現在韓國人都是雙眼皮了，單眼皮的我一定要好好保存我的單眼皮啊！」

這的確是個値得回味以及反思的對話。

繼之，我們看到前文列舉出來的整容風，韓國人爲什麼願意花大把鈔票、時間，去減肥也好或者是保持自己的外貌呢？爲什麼要這麼辛苦呢？爲什麼要這麼拚命呢？其實目的就只有一個，「在社會上保持比他人更好的競爭力」，所以在學歷之外，能在外在多勝人家一點，多比他人漂亮一些，當然得到上司關愛的目光、機會也會更多的。

舉個簡單的例子，今天大老闆面試兩位新員工，同樣都是相同大學畢業的學生，相差不到兩三歲，不相上下的經歷，雙方相差一兩張證照，英文考試相差幾分，差別只在兩位員工的外貌，前者打扮時尚，身材穠纖合度，而後者則是輕裝便衣、粗獷魁梧，那麼老闆會錄取誰？我想大家心理有數。會決定老闆錄取誰的關鍵點在哪裡，我想大家也都知道。更何況，萬一是出身二流大學，本身出身就已經輸給名牌大學，即使有著再多的證照，若是無法抓到面試官第一眼要看的外貌，後面的關卡不就是更難過嗎？

我們問，韓國人這樣子整容，不怕以後生出來的孩子不像（整形過的）爸媽嗎？韓國人會這樣說吧：「萬一長得不帥、不漂亮，長大一定要整的啊！爲了在社會生存」；但是我想更激烈的韓國人會說：「萬一我學歷、背景什麼都沒有，連我自己能控制的外表都做不到，怎麼正常地融入到當今社會呢？生活都快過不下去了，韓國失敗、自殺的人這麼多，現在不好好整理門面，誰管得著我們有沒有下一代？有沒有人願意娶我們呢？」

你說，這樣的整形風，在韓國有沒有道理存在呢[17]？

六、比正餐價格還貴的咖啡——韓國咖啡廳文化

上述我們有介紹到韓國人交往男女朋友，很多是透過朋友「介紹團」活動方式而進行，那麼韓國人的約會方式又是如何？韓國男女朋友約會的場合大多又是在哪裡呢？

大致來說，莫過於三個地方，第一電影院、第二酒吧，第三則是咖啡廳。

先說電影院吧。韓國人嗜愛看電影，交往中的男女朋友，約會場所中必定有一個就是電影院，且韓國的電影業發達，除了與世界同步的國際影集之外，他們自己的國產影集，可說在影壇也占有一片天地。因此連帶的，電影院總是設備完善，3D電影已經不夠看了，現在韓國已經流行到4D電影特效了；而電影娛樂業者也深知韓國國民愛看電影此一風氣，電影票除了是低廉的，約八千韓元左右，早上、午夜場還有優惠打折之外，甚至韓國人每天都會用到的手機，若是申請與電影院簽約的電信業者費率，還有固定每個月贈送二至四張電影院票的優惠呢！由商人的促銷手法可得知，韓國人愛看電影這一現象可爲不假，所以，韓國人約會不知道何處去、或者想打發時間的話，電影院往往是最佳的選擇。

繼之，酒吧，雖然我們在後面篇章「素描韓國社會」，還會介紹到韓國人喝酒文化，但在這裡簡單的說，「韓國人不會喝酒就不用在韓國社會打滾了」，韓國人嗜愛喝酒，若以一句話形容韓國人的平常休閒生活以及文化的話，乃是「음주-가-무」，對應漢字乃是「飲酒—歌—舞」，即：「喝酒、唱歌以及跳舞」。因此情侶之間約會，晚上會到小酒吧喝一杯乃是理所當然的事，而飲酒所產生的暴力事件一直層出不窮，在韓國首爾都市，晚上最後一班地鐵常常可以看到醉漢出現，或者在街道上，也常常看到有不少人因爲不勝酒力而醉倒在地上的畫面。

而飲酒文化此一現象，我們將會在後面論述之。

最後，提到咖啡廳，這是這幾年在韓國國內興起的現象，即韓國國內的連鎖咖啡廳一間一間的開，最大間的莫過於二〇〇八年四月創立的coffee bene咖啡連鎖店，短短的一年四個月之間，在韓國境內開到六百間分店，比之前完成此成績的星巴克咖啡，還快上三年六個月；而根據二〇一二年報導，韓國全國的咖啡廳賣出的咖啡收入成長率，是韓國GDP的八倍，可以說「三步一小間，五步一旗艦店」也不爲過；而爲什麼韓國人嗜愛喝咖啡呢?當然除了資本主義的商業廣告的宣傳之外，韓國人白天需要維持大量的精力、體力在工作、唸書上，隨手一杯咖啡是不能少的，從一九七六年開始，韓國開始飲用所謂的即溶咖啡包裝條，之後在街上設立便宜的杯裝咖啡自動販買機，一杯五百至八百韓元不等，到便利商店琳瑯滿目的咖啡飲料，以及大賣場中動則二十包即溶咖啡條，到一百包、二百五十包的即溶咖啡條，就可以知道韓國人喝咖啡習慣漸盛，而根據二〇一二年韓國調查，韓國男女生平均一個禮拜，就可以喝上十點二杯咖啡。

因此，在韓國街道上，咖啡廳可以說是一間一間的開，一杯便宜的美式咖啡（約三百 c.c.），也要三千五百元韓幣起跳，更別說加上一些小點心，如三明治、貝果等等小零食，往往兩個人同行一點下來，一萬多塊韓元是跑不了的。

韓國當地這樣的咖啡廳文化漸漸成形，也讓前陣子的新聞，韓國人自己也在反省這樣的現象，新聞片段乃是，記者找來路人試喝兩種咖啡，一種是便宜、即溶咖啡，一種則是在咖啡廳賣的一杯近四千韓元的店內咖啡，之後來詢問路人、受訪者，哪一杯咖啡杯好喝？或者是喝得出來，哪杯是有品牌的咖啡呢？結果眾多路人回答下來，很多人都不知道到底哪一杯咖啡是他們願意上店面花三、四千元去喝的咖啡。

諷刺的是，在生活壓力本身就比較大的韓國社會，在外吃一頓正常的中、晚餐，最便宜也要四千元起跳，而現在一杯咖啡，所需要的價格甚至超過正餐所花費的費用【18】。

所以，現在在韓國中，若問韓國人要怎麼成爲富翁，或是怎麼存錢？他們會回答說：「不抽菸、不喝咖啡！」一定可以存到錢的。的確，這句話說得妙。

因此，我們看到韓國人情侶約會，除了去登山、逛動物園以及美術館之類的活動以外，韓國人情侶約會模式，大約就是：中午吃個飯、看個電影，之後去咖啡廳坐一下聊天，最後晚餐結束之後，若是還有時間、閒錢的話，莫過於去酒吧坐一下，小酌一番，而這也可謂是韓國人固定的約會模式。

伍、素描韓國社會

一、韓國人無藥可醫的三大絕症：公主病、王子病以及火病

如果說，在日本，日本人總是要脫光日本女生的衣服的話；那麼在韓國，韓國人總是要努力的裝飾韓國女生。（金文學，《醜陋的韓國人》[1]）在亞洲國家，筆者光是聽一位女生的腳步聲，就可以判斷她是哪一國人了。目前筆者就讀於冠岳山山上的國立首爾大學，每天早上要去上課時，走上一段上坡山路入學校是必經過程，但是韓國女生就是有辦法穿著「喀拉！喀拉！」聲響的高跟鞋聲登山入校。

位在大學校區，總是可以看到一些現今韓國年輕人的流行文化，先說男生的部分吧，男生夏天穿著，其實跟臺灣差不多，牛仔褲、襯衫或者是T-Shirt，但是就如同我們在前面提過的，跟臺灣男生比較起來，韓國男生穿的顏色比較亮，要看見全身黑裝或者是全身白裝的極爲少見，反倒常見的是大紅、粉紅服裝出現。當然，他們若想走流行嘻哈風的話，還會將褲子撕破個小洞，表示流行。

但有趣的是，韓國年輕人的隨身配件，除了戴在頭上多樣化的軍帽、棒球帽、以及手提多樣化造型的背包、手提包之外，我想更有特色的是，他們使用 mp3 或者是

用手機聽音樂的比率比臺灣高，到處都可以看到他們在行走中，耳朵就是塞著防風型的耳機，或者是繞帶著大大的頭戴耳機，聽著音樂，當然，在這一點上，可以說是在校區內的車子，或是路上計程車都很禮讓行人的，很少看到有人對著行人狂按喇叭的現象出現。所以，我想他們才可以這麼安穩地聽著音樂行走著。

同樣地，在校園也很少看到有服裝不整的韓國男生出現。因爲，韓國人的自信建立在他人的眼光上，不論年紀、性別，男女老少都一般。

因此，藉由上面的開場白，我們要提到的韓國男生，他們總是有一種毛病，也就是在上面我們言及到的，因爲有著「注意他人目光」的文化，讓他們天生而來就患上了所謂的「王子病」（왕자병）。「王子病」，顧名思義，就是認爲我是全世界最帥的男生，自信滿滿，所以，出現在他人面前，一定要打扮得帥氣才行。也因爲有這樣的想法，造成兩面刃、正反面的現象出現。好的方面就是自己對自己有自信，相對於自己的打扮、穿著也會特別注意，畢竟衣冠整齊、給人家的第一印象會比較好，成爲基本的禮貌；根據最近的數據統計，韓國男生平均身高爲一百七十三點三公分，而女生則是一百六十點九公分，而現在韓國男生爲了讓自己看起來修長、高，韓國男鞋底墊可以說越做越高，高上三至五公分的鞋子處處可見，甚至，還有男生私自在鞋子裡

面塞上軟式的氣墊「鞋墊」（깔창），讓自己看起來更高，而這樣的「鞋墊」正在韓國風行著呢！而這種王子病令人詬病的一面，就難免會比較自大吧，萬一又眞的是長相有點優勢的話，韓國男生自戀程度可能會極度膨脹，讓人受不了。

當然，在韓國現今的文化中，多少還是以大男人主義文化爲主軸，只是現在社會此風氣慢慢的改變了。

此話何說？筆者舉大家熟悉，在二〇〇一年颳起臺灣一陣旋風的韓國電影——《我的野蠻女友一》（엽기적인 그녀）爲例吧！在一般民眾的觀點，只覺得這是一部戀愛情侶中的搞笑片；但深層的問題是，爲什麼韓國人要拍這種電影呢？電影之所以爲大眾流行文化之首，因爲它總是反映出當時社會的一些問題或者是面貌。

對我來說，《我的野蠻女友一》是一部韓國社會寫實片。因爲這影片中，把原本瘦弱、被動的女生角色，反置在積極、主動性高、原本屬於男生的位置，形成強烈的女大男小的對比。而在片中，也的確常常出現女生在戀愛時占盡鋒頭、嬉打男生以及指使男生做一些無厘頭的事情。當然，我們可以以韓國人的心態「我的愛人就是我的東西」[2]來解讀，在戀愛中，男女雙方互相嬉打怒罵都沒關係，因爲你是我的男朋友，我可以打你，你也可以被我打，因爲我是你的女朋友。

但是，更重要的是，藉由這樣的片子，透露出倡導女權、女權高漲，以及一種反抗傳統男性社會等等眾多的訊息，換句話說，在片中，男性變成軟弱、需要被保護的對象[3]。

那麼，反過來說，對韓國女生而言，踩著「喀拉！喀拉！」的高跟鞋聲是必備的穿著，且在韓國到處可以聽到。如果仔細看韓國女性的腿，其實十個人中有將近一半以上的腳踝後方，多少有點磨傷紅損，因爲就是常穿高跟鞋，後面的細鞋帶日久磨著腳踝，造成這樣紅通通的脚踝！但對韓國女生來說，這是小事，因爲出門就要漂漂亮亮、身上一定要噴香水，這是她們出門、面對世人的「基本禮儀」。所以，在韓國街上，或者是地鐵站，我們時常可見，在行走間或者是在等地鐵時，拿出包中的小鏡，檢查看看自己是否服裝不整，或者是在臉上補妝的女性很多。

有趣的是，根據筆者的觀察，韓國女生以留長髮爲特色，十個人中有九個都是留長頭髮，而你也許想問剩下的那一個女生是短頭髮嗎？不對，而是正在留長中，因爲韓國女生認爲留長髮才有女人味，女生就是要漂亮，「外貌也是實力的一種」。

筆者曾經在訪問韓國人家庭時，就聽見一個才五歲，連韓文字都不太會寫的韓國小女孩，對著買衣服給她的家人說：「我不要白色這一件洋裝，因爲穿上它看起來會太胖！」。

所以，對於韓國女生來說，在這種文化中成長，天生便患上「公主病」（공주병）。公主病，顧名思義，就是一種我是世界上最漂亮的公主的心態。

當然，這種病狀，就如同上面我們提到的「王子病」一般，所導致的後果有好也有壞的一面，端看我們從哪一面觀察之。

最近幾年，韓國女性意識高漲、原本在傳統的韓國社會中，韓國婦女大多被限制在家裡，從小就學習服從和忍耐的美德，爲將來成爲賢妻良母做準備。但是隨著十九世紀末韓國對外開放，這一情形也發生改變。而這一時期，有些西方基督教傳教士創辦了現代學校，也有些學校是專門爲了婦女受教育而創辦的。因此，接受教育的婦女開始從事藝術、教育以及活動，甚至在反對日本統治的獨立運動中所表現出來的精神不亞於男子漢。

而在一九四八年大韓民國建立後，根據大韓民國憲法規定，婦女也獲得受教育、就業和參與社會生活的平等機會保障。之後，隨著經濟發展、韓國生活條件改善，婦女受教育的水平也漸漸提高，一九六六年時只有百分之三十三的小學女童畢業之後能進入初中繼續唸書，而在同一時期，進入高中和大學繼續學習的女學生分別爲百分之二十以及百分之四而已。但是，到了一九九八年，進入高中和大學繼續學習的女學生已經上升到百分之九十九點五和百分之六十一點六。進入到二〇一〇年，入大學唸書的韓國婦女已經高達百分之八十點五。而自從工業化以來，參加經濟建設的二十五至二十九歲的婦女比率，由一九六五年的百分之三十四點四、一九九九年的百分之四十八點一，到二〇一〇年增加到百分之六十九點八，而三十至三十四歲的婦女也從一九九九年百分之四十九點五增加到二〇一〇年的百分之五十四點六。而就婦女的勞動力而言，從一九七五年只有百分之二的婦女從事專業和管理工作，到了一九九八年，增加爲百分之十二點六，到了二〇一〇年，則高達百分之二十一。隨著從事專業工作的婦女增加，一九七七年的韓國政府通過一項——「平等雇用法」來保障對職場婦女的歧視，而一九九八年，韓國政府又建立婦女特別委員會專門處理與婦女有關的問題，二〇〇一年再擴大和提升爲婦女部門，主要在六個基本方面完成二十項具體工作，即：修訂任何部門涉及歧視婦女的法律、規章，以及增加婦女的代表性；便利婦女就業和提供資助給女職員；增加婦女接受教育的機會，以保障在勞動市場上具有競爭力；爲婦女提供社會福利保險；推動婦女參加包括義務工作和婦女組織活動在內的各種社會活動；加強韓國婦女組織與國際婦女組織之間的合作。

但是有著上面我們提到「公主病」的公主，還是受到傳統保守文化的制約，使倡導女性意識的「韓國公主」還是會有節制，如「韓國公主」可以在大街上抽菸嗎？不行！筆者來韓國少見有女生大剌剌地站在街角旁抽菸，更別說是邊走邊抽菸了，有些鄉下地方，女生在家裡抽菸時，甚至還要躲到廁所裡才行。所以，在當代韓國社會內，韓國女性存在著矛盾的身影。

論述完韓國人天生的「王子病」、「公主病」之後，繼之，我們要提到韓國的「火病」（홧병）。這火病就要從筆者最初的感觸講起，也就是在二〇〇五年，臺灣雅虎網頁上看到一份調查報告，報告的標題名爲「二〇〇五年十大衰人」，而排行第一名的是南韓「造假」科學家——黃禹錫。爲什麼會說他是二〇〇五年最衰的人呢？因爲這名韓國科學家在二〇〇五年上半年風光無限，他宣稱是世界上第一位用卵子培育出人類幹細胞的科學家，且在同年度五月分，他再度宣布利用了患者體細胞的克隆胚胎幹細胞，在八月分成功地培育出世界首隻克隆狗（複製狗），一時儼然成爲幹細胞研究最前沿的「全球學術帶頭者」。

然而，自十一月起，這樣風光的科學界風雲變色，因爲人們不僅發現他在研究中捲入倫理問題，更發現黃禹錫的研究成果中，有「造假」的成分存在。因此，黃禹錫就成爲人們拷問科學家基本道德的鮮活樣本。雖然，當年度連韓國總統都出來爲他站臺，對揭發這件事情的新聞電視臺喊話，要他們拿出眞切證據，但後來種種證據紛紛出籠，證明黃禹錫研究作假，這下子，二〇〇五年上半年的黃禹錫是「大韓民國韓民族的科學英雄」，下半年一下子就變成「民族之恥、罪人、狗熊」。

當然，個人學術的造假不僅僅是對於個人學術生涯有所損傷，連帶的對於所任職的學校（國立首爾大學）學術風評也有所影響，甚至，這件造假科學事件也登上國際大版面，全世界人都在看韓國鬧著這個笑話[4]。

爲什麼筆者要提到黃禹錫造假事件呢？因爲這和韓國人的「火病」有連帶的關係。當地韓國人在日常生活中的口頭禪便是：「빨리빨리（趕快，趕快……）」，什麼事情都是要求快、有效率，如同我剛到韓國，讓我印象最深刻的一件事情是，某日到學生餐廳用餐，才剛下筷的我，隔壁桌的韓國人已經吃完了，韓國人用餐時間短得不得了，大約十至十五分鐘就可以快速解決一餐。而在學校外面附近的韓國餐館更是如此，到了中午時刻，總是在一間小店外，看到一群韓國人在外面排隊等著進去用餐，且韓國少見像臺灣隨手一拿就走的外帶便當，除了一些水餃、紫菜包飯可外帶的食品之外，大多是在店內用餐，連帶地，在餐廳外面等待的人那麼多，在裡面用餐的人不

加快腳步用餐也不行吧？而這樣一件小小的吃飯景象[5]，讓我們看到，黃禹錫這樁國際新聞，研究成果要求的就是比他人快、有成效，這樣的心態在韓國的「火病」影響之下，最不可行的「造假」行爲也出現了。

換句話說，常常出現在韓國人口中的「八里八里（빨리빨리）」，無形間就形成一種「火病」，此火病是韓國人天生下來一種最深層的民族病：「什麼事情就是要求快，越快越好」，一旦慢下來，韓國人就「八里八里」一聲的喊出來，也許就是如此，才有此造假事件。

記得筆者在臺灣求學時，對於韓國文化有獨特觀察的一位恩師曾對我說，「好大喜功」是韓國人的個性，的確，在這件事情上我們可見其端倪。

但是，有著「火病」的韓國社會，我們要問有沒有優點？有的！舉幾個例子來說，在這樣火病影響下，形成了韓國人引以爲傲的「網路速度」，根據二〇一一年的資料[6]顯示，韓國已成爲全世界網路速度最快的國家，而且還高出世界各國平均值的六倍之多，即韓國的網路速度是每秒14Mbs，位居世界第一位，而且是世界網路的七倍以上，之後的排名順序依序爲香港（9.2Mbs）、日本（8.5Mbs）、羅馬尼亞（7.0Mbs）、荷蘭（6.3Mbs）等等，而ＩＴ大國美國則以5.0Mbs位居第十二位。

除此之外，在這樣網路發達的韓國，網路購物可謂盛行，在網路上購買商品，賣家還提供當日配送（당일배달）的服務，不到一天的時間，不管是買書還是買衣服等等，隔天就能從賣家收到東西，速度之快令人咋舌。繼之，韓國還有著這樣的一個派送服務，比如我們要轉送生日禮物給住在另外一個縣市的家人，或是必須將商業文件資料交給客戶，卻無法抽身親自前往時，我們只要打電話給配送人員，配送人員立刻就會騎著摩托車到府收件，提供轉送的服務，韓國稱爲：「퀵서비스」（quick service）。

而這樣種種高效率的服務，不可不謂受到「火病」影響下所誕生之物。

綜合上面我們提到的這三種病，我也經常把這樣的觀察提出來跟身邊的韓國朋友討論，嬉鬧這就是韓國人天生而來的病，同時也是無藥可醫的民族病：「王子病」、「公主病」以及「火病」，韓國人聞之紛紛點頭、同意這樣的看法。

二、不會喝酒就不用混的韓國酒席文化

韓國人愛喝酒，我想是全世界都知道的文化，到底韓國人有多愛喝酒呢？我們先從資料數據看起。

韓國有名的燒酒——海特眞露（하이트진로）等蒸餾酒精類飲料，販售到全世界六十個國家，出口近七十四項商品，在二〇一二年創下賣出兩兆三百四十六億韓幣，折合一千六百七十一億美元的銷售成績，銷售量爲世界第一；且根據國際經濟合作開發機構（OECD）統計，一九九六年韓國十五歲以上的國民，消費購買具有酒精飲料爲全世界第十九名，而到了二〇〇七年，則上升爲全世界第十一名；國際世界衛生組織（WHO）在二〇〇五年的報告顯示出來，韓國地區飲酒量更是亞洲國家最高的，以韓國當地SBS新聞二〇〇五年資料顯示，一九八六年女性飲酒者爲百分之二十，到二〇〇三年已經上升到百分之四十九、全國人口喝酒人數由一九八六年的百分之四十八點三，到二〇〇三年上升到百分之六十四點三，最後若是以喝超過一瓶燒酒的人數爲「過量喝酒者」統計的話，由一九九九年百分之三十一點三，上升到二〇〇三年百分之四十點五。根據調查韓國國民一個月，喝掉的啤酒量約七點四一瓶，而燒酒

則是高達七瓶左右。

當然，撇開這些數據先不說，我們習慣的韓劇場景，或者是韓國電影，少不了出現在畫面中的拍攝場景就是一間間的小「酒吧」（술집）。

但是，可別以爲上酒吧是出了社會才需要應酬的事，反倒是韓國最多酒吧的地方，不是集中在商業區，而是集中在校園附近。客人多生意就旺，靠近學校開酒吧，每年都有固定的學生入學，人潮就是學生，學生就是客人，酒吧生意當然好，且最重要的一點是韓國學生也愛喝酒。

「酒席文化」（술자리）在韓國是根深柢固的經驗，比起咖啡廳而言，他們最常光顧的商店莫過於酒吧；什麼時候校園生活的學生會喝酒呢？開學的新生歡迎會、期中期末考之際以外，只要想喝一杯，隨時都可以來到校外附近的校區喝一杯。平常同學們聚餐，吃飯完之後，通常會再去酒吧續「第二攤」（이차）；讓筆者印象深刻的是，韓國的酒甚爲便宜，特別是韓國人吃烤肉喜歡搭配的「燒酒」（소주），比如以綠色玻璃瓶爲象徵的韓國燒酒，在店內飲用約爲三千元韓幣左右，但是若是來到超商購買的話，只要一千韓元左右，隨手易得。

而韓國的酒吧類型簡單的區分，有的是餐廳，主要賣正餐、以吃飯爲主，而也有

販售瓶裝酒給客人喝一杯的商店，如烤肉店等等；而有些酒吧主要是以賣酒爲主，販售啤酒（맥주）、燒酒（소주）或者是小米酒（막걸리），這三種酒爲韓國人飲用的酒精飲料代表，當然也有我們熟悉的「洋酒」（양주）。

而在後者，主要販賣「啤酒」酒類的酒吧，大多是學生、上班族聚餐的最佳場合，賣的啤酒除了瓶裝、罐裝啤酒之外，還有兩千c.c.、三千c.c.的大桶生啤酒。除此之外，店內也販賣著大量的下酒菜；韓國下酒菜主要是以乾的下酒菜爲主，如炸雞、魷魚或者是水果沙拉爲主，此類型爲一般韓國街道上常見的酒吧。

次之，販賣「燒酒」的商店，販售地點大多是在韓國五花肉烤肉店內，因爲韓國人喜歡一邊吃五花肉，一邊配上燒酒來進食。

而在韓國有名的「深水炸彈」（소맥），即是以適量的燒酒和啤酒相加而成的，後勁可說是十分強硬呢！當然，除了一般的原味燒酒之外，韓國還發明出「水果燒酒」，如把檸檬、奇異果和柳橙打成果汁後搭配燒酒調配成水果燒酒，而這種具有水果口味的燒酒，也深受女性消費者喜愛，當然，後勁也是十分強。

而販售小米酒酒類的商店，傳統的小米酒酒吧多是以鐵茶壺來裝酒，酒杯則是低盤碗公，極具特色，而這時搭配的下酒菜大多爲「鍋湯」（찌개）類、「煎餅」（전）

類以及「熟食」類爲主，尤其韓國人習慣在下雨天，來到小米酒酒店喝上一杯，配上「煎餅」形成其文化，爲什麼會有這樣的習俗？我想大概是煎餅在製作時，放在煎板上劈哩劈哩的聲響，像極了窗外雨打在大地的聲音吧！

而在喝小米酒時，只會覺得小米酒偏甜，好喝易入口，但是其後勁則是發生在隔天早上起床之時，頭痛不已。

最後一樣「洋酒」，洋酒聞其名就是國外輸入的酒類，如X. O.，威士忌或者是調酒之類的，且大多是在有聊天性質酒吧小姐的酒吧販售著，店內售價不便宜，比起在賣場賣的貴上五倍左右。點洋酒時，店內也會招待下酒菜，大多是以「水果」爲主，而韓國人也一直認爲，在酒吧喝洋酒是表示身分地位的象徵；選擇喝洋酒的人，除了手頭比較寬鬆之外，還有就是嫌啤酒酒精含量少，不容易喝醉，明天又要早起上班的人，這時就會選擇喝洋酒，因爲易醉好入睡。

我們簡單地介紹完韓國當地人常飲用的四大種類酒之後，因爲販賣酒精類飲料的商店幾乎籠罩全國，也因此，吃飯、同學聚餐或者是朋友聚餐，甚是師生聚餐開會，少不了有著這樣的「酒席文化」。

這樣的酒席文化，優點莫過於：一杯生二杯熟三杯不用愁，酒過三巡之後，原本不太熟悉的人也可以瞬間變成好朋友，勾肩搭背聊起天來，把人與人之間的距離拉近，交談起來也就不像之前這麼生疏囉。所以曾經有位韓國朋友跟我說，在韓國別說是男生了，就連女生都要學會喝酒，不然眞的不能在社會打滾，建立人際關係啊！

那麼，這樣的酒席文化，又讓我們看到什麼樣的缺點呢？韓國人愛喝酒，尤其是高酒精量的燒酒，其理由，莫過於一方面韓國冬季冷，多以酒來暖身之外，會養成喝酒的習慣，另一方面莫過於是要把今天所有的壓力抒解掉，一醉解千愁。韓國生活壓力之大，所以才需要酒精來麻痺、忘懷，不是嗎？

所以，韓國成也是酒，敗也是酒，白天狂命的工作，晚上能抒解這一整天的龐大壓力，就剩下隨手可得的酒了。

三、飲酒、歌、跳舞——韓國人的夜生活

在前面，我們提到韓國人的休閒娛樂或者是文化，我們以四字來統整代表，就是：「음주－가－무」，對應出來漢字乃是「飲酒－歌－舞」，即：「喝酒、唱歌以及跳舞」。

的確，韓國人的生活離不開喝酒，而韓國人喝酒也有其獨特風格，大多是聚餐時，大夥們會小酌幾杯。之後吃完正餐，一定會有所謂的「續攤」活動，他們稱爲：「이차」（漢字：二次，「第二攤」的意思）」。而第二攤就是去酒吧，點些下酒菜，或者是水果沙拉配酒喝；依此類推，端看當天氣氛熱絡與否，還有所謂的「三攤」、「四攤」等等活動，在筆者印象中，在韓國唸書時，曾經跟到「六攤」的。

而韓國人喝酒時，也有酒席上的禮節，簡單的說，如下底下幾點：

1. 和長輩喝酒時，晚輩應該要先敬長輩酒，除此之外，與長輩喝酒時，不能大喇喇地面對著長輩喝，反而是要側過身去，用手掩住酒杯喝酒；當然，在酒席上，若是想要抽菸，也要先經過長輩的允許；

2. 給別人倒酒時，要用右手拿著酒瓶，左手要扶著右手，而接受者也要雙手捧

杯，以表示謝意。即使是左撇子，在酒席上也別慣用左手，因爲在韓國人看來，用左手倒酒意味著看不起對方，是相當不禮貌的行爲；且爲什麼倒酒時，左手要扶著右手呢？主要是以前韓國人穿韓國傳統服裝時，因爲服裝的袖口比較寬長，爲了避免在倒酒時，寬長袖口碰到席上的酒菜而弄髒，所以當時人們就習慣倒酒時，用左手扶著右手這一習俗，當然，現在的西裝、外套，已經沒有如同以往服裝的寬長袖口，但是這一個酒席禮貌動作，一直沿用到今；

3.不給自己倒酒。在韓國除了自己喝悶酒之外，喝酒時絕對不能自己倒酒，一定要幫別人倒酒；萬一我們自己沒有注意到自己對面的人酒杯已經空了，而讓他自己倒酒的話，坐在他對面的人可是會倒楣三年，而韓國人也相信，互相倒酒這一個動作，也是表示彼此間珍貴的友誼以及尊重；所以，大家在參加韓國人的酒席時，要隨時注意自己身邊的長輩或者是朋友，酒杯是否已經空了，一定要馬上倒酒；同樣地，若是自己的酒杯空了，也不要自己倒，要請身邊的朋友幫忙哦。

4.若酒杯還有未喝完的酒時，不可以添加酒上去，這一個動作主要是讓那些不勝酒力的人，可以藉由酒杯有剩酒這一小動作，來暗示對方，自己已經不勝酒力、喝不下去了，請對方不要再繼續倒酒。

5.敬酒時，把自己的酒杯遞給朋友。韓國人敬酒獨樹一格，向別人敬酒時，首先把自己杯中的酒喝完，再把酒杯給對方，之後斟滿酒，請對方一飲而盡；而在對方喝完此酒之後，會再進行同樣的動作，請對方喝；這種習慣來自於祭祀風俗，在祭祀場合上，祭祀者喝完一口祭祀酒之後，再把酒杯呈給長輩的風俗，而這樣的小舉動，把酒杯遞給對方或者是初次見面的人，是在表達人情以及親切感。

6.同樣地，韓國人也忌諱「四」這個數字，所以敬酒時，不會敬「四」杯，而是通常以一、三、五、七等單數數字爲單位來敬酒。

韓國人在酒席上，常常也會玩起「酒席遊戲」（술자리게임）來，最簡單的莫過於把喝完的燒酒瓶蓋拿來玩，因爲在扭開燒酒瓶蓋時，瓶蓋會呈現鐵圈棍，而這時再扭緊成棍棒型，按照順序，每個人用手指彈動這根搖搖欲墜的鐵圈棍，看誰最後彈掉這個鐵圈棍，在彈掉者前後雙方的人都要乾杯；而彈掉完這個棍棒之後，還可以玩燒酒瓶蓋裡面的數字遊戲，因爲在每個燒酒瓶蓋裡，都有一個編號（一至九十九號，其中一個數字），讓人家猜，猜中的人就要喝。

除此之外，還有所謂的「三六九」（삼육구）遊戲，也就是一個人依序喊數字，喊到數字裡面有三、六或者九的話，不可以出聲，而是要以拍手一聲進行，若是喊出

如「十三」、「二十六」或「十九」的人，裡面有著三、六、九數字的人都要乾杯喝酒。最刺激的莫過於當喊到「三十」之後，就可以聽到大家屏息以待，聽著拍掌聲音到哪了，因爲「三十三」、「三十六」以及「三十九」這三個數字，都要拍掌兩聲才行。

除此之外，還有所謂的「印象遊戲」（이미지게임），也是依序順序，由每一個人提出一個問題，如：「誰看起來交過最多男朋友？」，然後酒席上的人，就分指看起來像交過最多男朋友的人，得到手指頭最多的人，就得乾杯；而用這樣手指指人的遊戲，還有所謂的「○○七」或者是「虎克船長」遊戲，被指到的人，沒有做出開槍的姿勢，而兩旁的人也沒有做出指定的動作的話（如虎克船長遊戲，兩旁的人就要做出划船的動作），就要喝一杯……。而韓國人也透過這樣多樣化的酒席遊戲，來拉近人與人的距離。

接著，我們要來提到「가」（「歌」）這個部分，乃是大家酒過三巡之後，再續攤的地方就是所謂的——「練歌房」（노래방），即「卡拉ＯＫ」。在韓國練歌房也是相當普遍的消費場所，一個小小房間，約二、三坪，裡面有一臺伴唱音響以及兩支麥克風，還有一些助興的小樂器，如葫蘆鼓或是響板之類，而每當歌曲唱完之後，伴唱機還會顯示歌唱能力分數在大螢幕上，來判斷歌唱者的能力；當然在練歌房裡面也

可以飲酒，在櫃檯就有販賣生啤酒、瓶裝啤酒；而練歌房消費的時間，短則有半小時，長則有一、兩個小時，但最常的消費時間，多以一小時爲基準，有趣的是，老闆這時大多都會加十到二十分鐘給客人，這算是額外的服務囉。但是也要提醒各位，在韓國練歌房中，店內有很多都是已經喝得很醉的客人了，若是前往這樣的場合，請小心擦撞到人家，免得引起口角。

最後，言及到「무」（舞蹈）這部分，當然這邊的「舞」不僅僅是專指現代舞廳中的跳舞娛樂而已，我們在後方也會介紹到在韓國每個有名的節慶假日，都會進行傳統舞蹈的表演、活動；而在這裡，我們先來介紹韓國「舞廳」的文化。

在韓國首爾市中心，夜店極多，有的是單純喝酒的小酒吧，有的則是播放動感舞曲的 Disco 舞廳，最密集的地方莫過於新村——弘益大學附近，而這種舞廳可說每天都是人擠人的盛況，還可以看到一群一群保安人員站在舞廳外面搜查欲入舞廳者的身分證件，看一下有沒有未成年少年、少女混進舞廳中。而在舞廳內，大多爲一個大舞池，裡面大家動感地搖晃身體跳舞，而ＤＪ播放的歌曲大多是最新流行的舞曲，簡單的節奏、反覆的歌詞，就可以讓韓國年輕人享受一整晚的舞動。但是，同樣地，這種舞廳龍蛇雜處，什麼人都有，且令筆者印象深刻的這種舞廳，男女雙方肢體接觸極爲嚴重，不必經過對方的同意，在舞池中，經常可以看到一群男生圍著女生跳舞，或者是上下其手，所以，到韓國舞廳一遊的話，女性朋友也要小心這種「鹹豬手」的狀況發生。

藉由筆者的介紹下來，韓國人從傍晚一開始吃正餐，之後續攤喝酒，然後再去唱歌，最後還有體力的話就跑舞廳，跑完舞廳之後，累了，還可以再去吃頓宵夜回家，這樣子看下來，韓國人的夜生活少說也是三至四攤起跳，果眞是很有趣、很精彩的夜生活文化吧？

四、韓國人四大傳統節日以及民俗遊戲

在當地，韓國人特別注重的有四大傳統節日，即新年（農曆一月一日，韓文是：설날）、元宵節（農曆一月十五日，韓文是：윈소절）、端午節（農曆五月五日，韓文是：단오절）以及中秋節（農曆八月十五日，韓文是：추석）；有趣的是，在上面韓國傳統的四大節日中，韓國人有著代表性的遊戲、活動，即所謂的「民俗遊戲」（민속놀이）以及舞蹈。

當然，同樣位於亞洲地區的韓國，也受到中華文化的影響，比起國曆的新年而言，韓國人更注重的是農曆「新年」。在這一天，韓國當地境內全國放假三天；在新年時，一大早小孩子跟長輩拜年，領取壓歲錢（세뱃돈，漢字：「歲拜錢」），而跟臺灣比較起來，韓國小孩領的壓歲錢沒有這麼多，根據筆者韓國友人表示，一般高中生或之前學齡的小朋友，壓歲錢大約也只有收到一萬元到五萬韓幣不等，而上了大學，領的壓歲錢就比較多，但也是在十萬元韓幣左右而已；除此之外，韓國新年也盛行「講吉祥話」（덕담，漢字：「德談」）來祝福長輩，當家人團圓時，大家玩著的民俗遊戲乃是：「擲柶遊戲」（「윷놀이」，又有一譯爲：「尤茨遊戲」）。擲柶遊

戲的基本玩法是扔擲將四根半圓柱、如同骰子功能的木棒拋出，再根據落地後的木棒形狀計分；而擲柶遊戲的步數名稱爲：豬（도，돼지）、狗（개）、羊（걸，염소）、牛（윷，소）、馬（모，말），而據傳這個擲柶遊戲，是以前的人在年初，用來預測今年農事狀況所進行的一種活動，具有占卜功能性質，現在則成爲從農曆初一到十五，全家男女老少都參與的一種節慶遊戲。

繼之，在元宵節當天，即農曆一月十五日的早上，家族成員都會聚在一起吃花生以及核桃，來祈求一年無病無災。而自古以來，韓國人就認爲月圓的晚上特別神祕，所以新的一年的第一個月圓之日特別被韓國人看重，而在這一天，人們也會對著天空明亮的圓月許願，因爲在這一天許的願望實現的機率最高囉。

接著，要介紹的是農曆五月五日端午節的活動。端午節當天，農民休息一天，來表示播種結束之意；婦女則是會煮艾草洗頭髮，表示消災祈福；當天韓國人最常進行的遊戲，乃是在民間也盛行、流傳已久的「摔角」（씨름）遊戲；通常在節慶時，準備的摔角比賽禮物都是相當豐盛，好吸引韓國男子參加的動力；當然除了端午節摔角遊戲大肆展開之外，如在「釋迦誕辰日」（農曆四月八日，「석가탄신일」），因爲韓國當地佛教宗教信仰十分盛行，此日在韓國境內各地的佛寺、廟宇會舉行各式各樣

的莊嚴儀式慶祝活動來慶祝釋迦誕辰、「百中節」（農曆七月十五日，「백중절」[7]）以及中秋節，都可以見其摔角遊戲的蹤影。

最後，爲「中秋節」。中秋節可以說是韓國人最盼望的節日，因爲在當天是韓國人返鄉掃墓的日子，高速公路上一定是塞滿著車潮，原本從首爾開車到釜山，平日只需要五個小時的車程，當天所花費的時間一定多上兩三個小時，甚至更長的時間，因爲大家都在高速公路上塞車。而中秋前後當天的大眾運輸工具，如飛機、汽車以及高鐵票，也是出現人擠人、一票難求的現象，所以韓國人也發明了一個單詞，來形容當天從首爾往南下的返鄉人潮，即「민족대이동」（民族大移動）。

而在當天，全國的商店大部分歇業三天，平常人潮鼎沸的首爾市，頓成空城，只剩下便利商店的燈火通亮。

在前文我們提到，韓國人的生活文化其中有一項是「무」（舞蹈），在這一章節中，「舞」可不再是指前面我們提到在現代舞廳中的跳舞娛樂，而是在韓國每個有名的節慶假日，都會進行傳統舞蹈的表演。如在中秋節當天，韓國人盛行的民俗遊戲乃是在全羅到海岸一帶廣爲流傳的「圈圈舞」（강강술래），是一種在中秋節月亮明亮的夜晚，女子們轉著圈跳舞的遊戲，而這種圈圈舞男子不參加，僅是在同一村子裡的

婦女們，手牽手圈成一個大圈後，轉著圈跳舞，其中還在歌唱時穿插著小遊戲，如「抓老鼠遊戲」（쥐잡기놀이）、「跨門檻遊戲」（문턱넘기놀이）、「金龜子遊戲」（남생이놀이）等等。

而以這樣的民俗遊戲，以及傳統舞蹈，來構成韓國人傳統四大節日，各具各的特色、風情。

陸、韓國文化財：無形文化財以及有形文化財

一、《阿里郎》介紹

這一章節，我們要來介紹韓國的「無形文化財」以及「有形文化財」。首先，要來正名的是，什麼是無形文化財？什麼是有形的文化財？顧名思義，「無形」、「有形」我們就物理現象而言之，比如臺灣有一〇一大樓、阿里山美景等等，這些可見的建築、風景的物理事物、實在物，我們可以稱之爲「有形文化財產」；而相對「有形」，無形文化財就是以一種不可見的在場方式存在的「存在文化財產」，如臺灣保留下美好的中國繁體字、傳統布袋戲等等，這些不一定都存在於某個固定的時間，以及局限的物理空間中，但是，卻是我們國家、民族，甚至整個人類的文化財產；而一個國家之所以強不強盛，也可端從它的有形、無形文化財講起。從某個角度而言，這種不局限時間、空間，而有著長久歷史流傳的無形文化財，更顯得重要；因爲有形的東西，很有可能因爲外力，比如天災、人禍而銷毀，但是無形文化財，卻是據載著一個民族、國家，甚至是全體人類的「精神」而存在之；所以，此一章節，我們將切入韓國的無形文化財以及有形文化財，來一窺韓國之精神與美。

首先，說到《阿里郎》（아리랑）此一民謠，可說是沒有韓國人不知道的，亦可

稱爲「國民歌謠」。而《阿里郎》（亦稱做《阿里嵐》等其他譯名，如又有一說，阿里郎之語源爲「我離郎」，是座高山的名字，但都未被證實；或者是來自韓國民間傳說，持貞操玉女的「阿娘傳說」，아랑전설）從地域講起，它在不同地方有著不同版本，最常聽到的是流行於京畿道一帶的《本調阿里郎》，這版本有名的原因是它也作爲爲一九二六年同名電影《阿里郎》的主題曲出現，而該電影是韓國史上第一齣劇情片。

《阿里郎》可謂代表韓民族精神，特別是在朝鮮時代末、日本強占之期，韓國人透過此歌謠來訴說人民的悲憤，並反映出反對日本帝國的精神，在當時，《阿里郎》可謂發揮了它作爲近代歌謠強調民族同一性的作用。

而在一九五〇年代，韓戰期間的駐韓美軍第七步兵師（7th Infantry Division），於一九五六年五月二十六日起，也把《本調阿里郎》，重新改編成《新阿里郎》來作爲當時軍隊進行曲。後來該曲更在二〇〇〇年雪梨奧運會期間被用作南韓與北韓聯合代表團的進場音樂。

除此之外，《阿里郎》歌謠在韓國當地也常被使用，如中央人民廣播電臺、KBS以及自由亞洲電臺等等著名的電臺廣播，他們的起始曲或結束曲都是《阿里郎》。

繼之，《阿里郎》依據地域不同也有著多樣種類的面貌出現，其中最具代表的，共有四大《阿里郎》，分別爲：《（方生）善阿里郎》（정선 아리랑）、慶尙南道的《密陽阿里郎》（밀양 아리랑）、全羅道的《眞島阿里郎》（진도 아리랑），以及我們在前方提到的，於十九世紀末二十世紀初出現在京畿道一帶的《京畿阿里郎》（경기 아리랑），又可稱爲：《本調阿里郎》（본조아리랑），或者是《新阿里郎》（신아리랑）。這四大《阿里郎》歌謠，最初的版本是大約在六百年前江原道（方生）善郡出現的《（方生）善阿里郎》，但是最有名的是約在一百至一百三十年前左右出現在京畿道的《京畿阿里郎》。

而之後，在京畿道地區也出現多種的變形版本的《阿里郎》，但是這些變形的《阿里郎》歌曲，都有一個相同的特徵，即是在《阿里郎》前面，添加上起源的地方名或體現歌詞意思的詞，如《別調阿里郎》（별조아리랑）、《長阿里郎》（긴아리랑）或者是《阿里郎世上》（아리랑세상）等等，雖然出現了眾多變形的《阿里郎》版本，且其中的歌詞也不盡相同，但是就曲調上而言，是屬於同一個曲調的。

而我們在前方提到，一九二六年作爲同名電影主題曲出現的《阿里郎》，它的前身是由朝鮮末期的傳教士 Hulbert，首先第一次對《阿里郎》用西方樂系採譜且進行研究，最終刊登在一八九六年二月的《韓國消息》英文月刊上，這時候《阿里郎》才漸漸被西方人所知。

而關於《阿里郎》的創作時期，有著各式各樣的傳說，但大體上可以分為古代創立說和大院君（대원군）時代[1]創立說這兩種說法。但不管是哪一種說法，我們都可以說，《阿里郎》從之前被創立之後，歌詞內容並沒有固定，反而是慢慢變化而來，特別是到了大院君時期，因為景福宮工程的龐大，對於百姓橫征暴斂的歷史背景下，《阿里郎》也發生了形式上的多樣變化，因此在內容上也發生了大變化。

我們就由《阿里郎》的歌詞中，可以看到裡面敘述，唱著歌詞的人可能是一位女性，對著為何遠走離鄉的男子呼喚。我們從這樣的呼喊，解讀出也許是男子狠心拋棄，或者加入當時的時代背景，此男子或許是情非得已，被當時候暴政王朝的國王徵召前去中央勞動等等。但可以確定的是，在《阿里郎》歌詞中顯露出來的「情」是十分深厚的，歌唱者寧可這位離去的男子腳發病，也不願見他遠去、離開；寧可這位離去的男子快速遠離，免得讓人看到心痛，悲痛離情之意味濃厚。

底下為一般《阿里郎》的歌詞，提供給大家參考：

아리랑 아리랑 아라리요. 아리랑 고개를 넘어간다. 나를 버리고 가시는님은 십리도 못가서 발병난다.

아리랑 아리랑 아라리요. 아리랑 고개를 넘어간다. 가사 가사 어서 가사 백두산 허리에 해 저물어 간다.

청천 하늘에 잔 별도 많고 이 내 가슴 속엔 꿈도 많다. 아리랑 이리랑 아라리요. 아리랑 고개로 넘어 간다 아~~아~~~ 아리랑 고개로 넘어간다.

阿里郎啊，阿里郎啊，您無情地轉身翻越阿里郎山嶺就走，想問問您，為何負我而遠行？而走不到十里路，腳就病發。

阿里郎啊，阿里郎啊，您無情地轉身翻越阿里郎山嶺就走，想問問您，為何負我而遠行？快走快走，走到白頭山山腰，走到太陽都下山吧！

天上明星閃耀，我的心底還有很多夢啊，但是阿里郎啊，阿里郎啊，您無情地轉身翻越阿里郎山嶺就走了呢？您為何拋棄我走了呢？

二、四物農樂（사물놀이）

四物農樂，顧名思義，乃是以「四物」（四種樂器）爲主軸而構成的樂曲，而這四種樂器分別是：「手鑼」（꽹과리）、「鑼」（징）、「長鼓」（장구），和「（圓）鼓」（북）爲中心，加以應用演奏出來的音樂，且以風物曲調爲基礎而發展出來的「韓國國樂」（한국 국악）。

而有趣的，在這裡言及到的四種樂器、「四物」，原本指的就是寺廟裡佛教舉辦儀式時所用的道具，前身分別是：「法鼓」（법고）、「雲板」（운판）、「木魚」（목어）和「梵鐘」（범종）這四種樂器。之後又輾轉變成「鼓」、「鑼」、「木魚」與「太平簫」（태평소），到了最後，才變成我們上段提到的「手鑼」、「鑼」、「長鼓」以及「（圓）鼓」，用這四種樂器來進行民俗打擊樂曲。

在一九七八年二月二十八日，首爾市內鐘路舊仁寺洞，以金德秀（김덕수）爲首組團的「四物農樂」，首次進行四物農樂的公演，之後四物農樂逐漸普及到韓國各地。而到了一九九一年，此項傳統韓國民俗打擊樂，也受邀到世界綜合藝術節進行現場演奏，受到了全世界的喝采，從此之後，搖身一變變成新的音樂體裁登上世界舞臺。

之所以韓國傳統的四物農樂，能夠成功地登上世界的舞臺，理由在於它們跟傳統的風物農樂相比，首先是把演奏的場合搬到室內，次之，又進行重整，試圖在四物農樂中，加入新表演元素，比如和管弦樂團、爵士樂團等等，其他音樂元素互相合奏，激盪出新的音樂火花。

而大家可別小看了這四物農樂中所使用的四種樂器，因爲這四種樂器，我們首先以製作材質來進行分析出各自所代表的象徵意義。因爲手鑼和鑼是用金屬做成的，長鼓和鼓由皮革所做成的，而金屬樂器代表「天之音」，鼓類樂器代表「地之音」，搭配人聲的唱和，展現天地人「三材思想」（삼재사상）的體現、天地人之間的和諧關係。

繼之，在演奏時，長鼓是專門要打快節奏拍子時所使用的樂器，鼓則是負責輔助著長鼓。而手鑼外型雖爲最小，但是聲音最爲洪亮，在四物農樂中所代表的是指揮者的角色，且也達到控制拍子的快慢與起伏的作用。鑼則因爲敲打實用皮革僅僅包裹著，所以音聲餘韻很長而且豐富，在四物中扮演著「母親」角色。而用雙手拿著鑼鼓槌子來搥打長鼓，形成曲調高低音，長鼓出高音的那一側又稱「熱篇」（열편）或者是「彩篇」（채편），而出低音的那一頭，則被稱爲「宮篇」（궁편）或「宮字篇」

（궁글편），對應所敲打的槌子又分別稱爲：「熱彩」（열채）、「宮彩」（궁채）。

同時，這四物樂器也分別象徵了自然界的四大元素：手鑼（꽹과리）代表雷聲，鑼（징）代表風，長鼓（장구）代表雨，鼓（북）代表雲。故，四物合奏所演奏出來的聲音，可稱之爲自然界以及宇宙的聲音。

再則，「農樂」一詞的得名在於軍隊裡有「軍樂」，那麼農民們在認眞農事工作之餘，放鬆休息時，也會唱唱歌來調劑心情，故被稱之爲「農樂」。而在農樂裡最著名的就是「湖南右道農樂」（호남우도농악，韓國全羅南道西部農業的音樂，也是全南無形文化財產第十七號）。

最後，就四物農樂表演方式而言，有「坐著演奏」（앉은반）和「站著演奏」（선반）的兩種對比表演形式，基本上，一人一個樂器來進行表演，所以由四人以上的人員組成。

而今韓國這項傳統民俗打擊音樂，也時常登上世界舞臺，向世界展現這項具有韓國傳統風味的音樂。

故，提到韓國的無形財，「四物農樂」當之無愧。

三、亂打秀

在上面篇章，我們介紹了「四物農樂」此一韓國傳統打擊音樂，而從四物農樂旋律引申出來，成爲爲音樂元素創造出來的表演劇，便是有名的「亂打」（난타）。

「亂打」又名「亂打秀」（난타쇼），自一九九七年首場演出以來，表演場場爆滿，即使當時韓國受到經濟風暴衝擊、經濟惡化的影響，表演藝術界整體呈現萎縮的情況之下，亂打秀的演出票房依然超過百老匯，爲一聲勢浩大的表演藝術，而到今日，亂打秀的熱潮依舊持續發燒。

二〇〇〇年七月一日，亞洲第一個亂打秀專業劇場在韓國開設，前往韓國觀看亂打秀的國外遊客絡繹不絕，可以說每名海外遊客前往韓國當地觀光時，指定不可錯過的秀之一，就是亂打秀。

且二〇〇四年三月，亂打秀率先登上美國紐約百老匯（Minetta Lane）劇場，開設了亂打秀專用館，與百老匯世界級的表演並駕齊驅，在目前未來發展階段，亂打秀不斷地改進、更新其中表演方式，保持新鮮表演藝術活動，以成爲最優秀的世界級表演目標而努力前進。

那麼亂打秀的故事內容又是什麼呢？亂打秀主要發生的舞臺，就是大家熟悉的「廚房」此一場景；在亂打秀開場時，場上出現的是每天在廚房工作的廚師，包括大師傅在內的三名廚師，他們正忙於開始準備一整天的工作，如洗菜、搬肉材，以及生火等等廚房事宜時，突然在下午四點五十五分，經理帶著姪子出現，要求廚師們教姪子烹調技術，且命令廚師們要在當天傍晚六點之前，做出沒有事先預訂的喜宴菜餚，讓廚師們大傷腦筋。

事後，經理退場，留下姪子跟廚師們在舞臺上，而經理的姪子雖然不怎麼討人喜歡，但廚師們也顧不了那麼多，手忙腳亂趕忙著準備喜宴；因爲喜宴菜餚預定在傍晚六點就要出爐，爲做好可口的料理廚師們，各展自己身手，發揮自己的廚藝。而這時候，我們就可以在舞臺上，看到表演廚師的人，有的在快手包餃子，有人則是快刀切菜，在其中又穿插著男廚師與漂亮女廚師打情罵俏場景出現，且經理的姪子和三名廚師在準備各自負責的料理時，不斷出錯，做出不少好笑的畫面，除了讓舞臺上的廚師和姪子拉近關係，舞臺下，也因爲這些滑稽的動作，經常讓觀眾捧腹大笑。

正當喜宴準備差不多時，大家才發現到，最重要的東西——婚禮蛋糕還沒有準備，大夥們看看手錶，時間已經逼近喜宴時間，手無對策、不知所措，而讓人意想不到的是，整天跑來跑去，讓廚房廚師們傷透腦筋、煩人的經理姪子，卻想出了一個好點子，在瞬間做出了蛋糕，而這個小插曲讓廚師們打從心裡，接受了經理的姪子，最終一起準備好喜宴菜餚，在耀眼的燈光下，由四名演員敲打四物樂器（鼓、長鼓、手鑼、鑼的民族樂器），在輕快節拍中，平安無事地舉行這場盛大、夢幻般的結婚喜宴。

而亂打的魅力，在於利用我們生活中常用到的廚房用具，如刀、菜板、鍋子、煎鍋以及盤子等用品，透過擊打這些用品、道具，或者是透過肢體語言，如表演扔碟子等動作，來發出充滿力量的特色表演，也是一種無言的表演劇。

坐在舞臺下的觀眾，不是只有被動地坐在觀眾席上觀賞演出而已，因爲在演出當中，舞臺上的演員也會向觀眾扔球，或是邀請觀眾一起上臺，如扮演傳統婚禮的新郎、新娘，或者是在包餃子時，請觀眾一起上臺來跟廚師們比賽，且一起製造出同一個節奏，和演員一起提高興致，親身體驗亂打的魅力，可說是互動十足的表演藝術呢！

而「亂打」興起地點，最初是在韓國首爾「貞洞」（정동）和「清潭洞」（청담동）表演，緊接著在濟州島也成立專門的亂打秀演出館，現今已經登上美國百老匯，建立起專門演出館，爲亞洲首個在百老匯成立專門演出館的表演劇，可謂是代表韓國國家級的藝術表演。

促進韓國當地的觀光產業「韓國觀光公社」，在選定的首爾十大觀光景點，亂打就是其中之一，為一名副其實的韓國文化觀光表演秀；從亂打秀的觀賞座席票的售出量而言，一九九七年十月的亂打秀占座率就達到百分之一百一十，創下驚人表演紀錄，且在一九九九年參加愛丁堡邊緣藝術節時，演出票全部銷售一空，當時獲得CNN極高評價：「愛丁堡藝術節最受好評的表演全場大爆滿」，以及韓國內「朝鮮日報」佳評：「消除舞臺與觀眾的界線，觀眾與演員融為一體的全新型表演」。之後在日本、英國、德國、奧地利、義大利、澳洲、俄羅斯、中國以及荷蘭等世界各地表演成功，終於在二〇〇四年登上百老匯舞臺。而觀賞亂打秀的觀眾人數，在二〇〇二年三月，就突破一百萬人，二〇〇八年，國內外觀眾總數突破四百萬人，迄今二〇一二年，觀賞人數已經突破了八百一十萬人，創造了韓國表演歷史上觀眾數最多的紀錄。

累積至今，亂打秀已經至少在二十三個國家中演出，表演城市超過一百五十個，共四千三百二十六場以上的表演。

而這樣以「四物農樂」為音樂旋律，搭配我們在日常生活中，常常用到的物品、器具的敲打，以及有趣的故事內容穿插，讓「亂打」聞名了全世界，打響了韓國國家名聲，不可不謂為韓國的無形文化財產之一。

四、假面以及假面舞

韓國製作「假面」的材料，是指用紙或者是用樹木來仿照人、動物臉部形狀而製成的，在韓國語中謂之「假面」（탈），與西方參加化妝舞會所使用的半罩面具不同的是，韓國人所使用的面具多爲廣面，可以完全遮蓋住人的臉爲大宗，戴著這些面具所跳的舞，謂之「假面舞」（탈춤）。

韓國的假面有著悠久的歷史，且應用的場合很多樣，如發生戰爭時，士兵和馬會戴上面具來嚇唬敵軍、提升士氣；而在葬禮上，假面又轉變爲驅逐鬼怪而使用的宗教器具；現在，假面則多被用在表演藝術的舞蹈上，或者是日常生活節慶、遊戲時所使用的面具。

概論韓國假面，大多呈現詼諧的面貌，假面的眼睛大且圓，或者是怒目對方表情。雖然說韓國的面具比較廣面，但是韓國的假面一般是沒有設計出耳朵，但是「野游」（야류）、「五光大」（오광대）的假面則是有耳朵。

根據歷史年代的不同，假面也有所相異，從某個角度也能反映出當時社會的變遷情況，主要原因是韓國人常常藉以假面來諷刺、批評社會不正的現象，具有社會批評的重要功能存在。而相傳，最初假面舞起源於古代新羅時代（六六八至九三五年），來到大約十七世紀時，才形成現在的舞蹈形式。

「假面舞」，顧名思義，就是表演者戴著面具跳舞，不以眞面目見人，在其面具後方，盡情發洩心中積聚的鬱悶心情，而老百姓可以隨意扮演社會階層的兩班（양반）、巫女、妻子、僕人或者是婢妾，來諷刺現實社會的不公不正之事、黑暗面；且假面舞不需要有專門的臺詞、腳本或者是需要登場舞臺才能來進行表演，只要帶著假面，假面者即可隨興發言、表演，因此，假面舞不僅僅是作爲韓國傳統的戲劇，更一直是作爲表現老百姓心情的「民俗遊戲」（민속놀이）。

而假面舞分布在韓國各地，但其中比較有名，且被韓國當地政府指定爲文化遺產中無形文化財產，分別有「江陵」（강릉）、「河回」（하회）以及「鳳山」（봉산）三地假面舞。

而膾炙人口搭配假面來進行的遊戲，有著「松坡山臺遊戲」（양주，송파 산대놀이）、「統營」（통영）、「高城」（고성）、「駕山五光大」（가산오광대）以及「東來」（동래）等等假面舞遊戲。

而這麼多的假面發展區域中，其中以河回假面最著名，且河回村在韓國當地被人稱爲「活著的朝鮮建築博物館」，主要的原因是，河回村位於韓國慶尙北道安東市以西數十公里處，是豐山柳氏家族六百年來的居住村，因洛東河成S型環繞，取「河回於此」之意得來「河回村」一名。

若是來到河回村一覽，當地的河回村瓦家與草家（以蘆葦或稻草作爲屋頂的家）歷經長久歷史的歲月，仍完整保存了下來，且河回當地，也是朝鮮時代大儒學家——謙菴柳雲龍（一五三九至一六〇一年）與「壬辰倭亂」（一五九二至一五九八年，朝鮮半島歷經兩次日本侵略的戰爭）時擔綱「領議政」（朝鮮時代行政部最高機關的最高職位）的——西厓柳成龍（一五四二至一六〇七）兄弟出生之地而聞名。而在二〇一〇年第三十四屆世界遺產大會，河回村被正式列爲世界遺產名錄中。

繼之，在河回的假面又稱「屛山假面」，一九六四年被指定爲韓國第一百二十一號國寶，製造年代約在高麗中葉。細分河回假面種類，共有十類，共計十一個面孔，爲人間縮影，它們分別是童女、破戒僧、妓女、兩班（貴族）、書生、草狼、傻瓜、屠夫、老寡婦、野獸（兩隻）假面。而其中，最具代表性的假面乃是：兩班（貴族）此一假面。

而說到河回假面，不得不提及假面的傳說。據傳十四世紀第十四代高麗王朝初期，河回村村莊常鬧瘟疫，村內一位姓許的年輕人，一日夢到有人告訴他，若想要消滅村莊內的疫情，必須要製作出十一個假面面具，而且在製造這十一假面時，絕對不能讓他人看見，否則他就會身亡。夢醒之後的許姓少年，爲了村莊的村民著想，不疑有他，立刻動手雕刻十一個假面，但是當他做到第十一個面具時，喜歡他的金家女兒卻忍受不了相思之情，偷偷跑去看了他一眼，結果許姓少年當場吐血而亡，而許姓少年手上的最後一個假面的下巴，終究未能完成。而今日河回假面中，沒有下巴的傻瓜假面，也許就是當年許姓少年未能完成的最後一個假面；而金家女孩最終因自責鬱悶而終；後來村民們爲了紀念他們兩人，在村落中建起城隍廟，並將許姓少年奉爲村子的守護神，每年村子祭祀時，村民們都會跳著假面舞來懷念兩人。

繼之，我們若從顏色來看韓國假面的話，不管是哪一個地區的假面舞劇，所使用的基本顏色，主要都是以紅、黑以及白爲主色。而除了面具本身的顏色，面具外圍另外罩上黑布，舞者戴上面具之後，就隱身在黑布後面，一方面用來保護舞者的頭部，一方面黑布也表示頭髮。

且以紅、黑、白三色而言，不同的顏色還代表不同性別和年齡：代表老人的面具是以黑色爲主色，而年輕的男子是以紅色爲主色，而最後白色則表示年輕女子。在面

具的設計上，一般都爲平面，無明顯的突出狀，但是在「殷栗」（은렬）地區的面具上，則是設計出許多突出的「點」，用這些點來代表此人的地位、權勢，點越多則象徵此人的地位、權勢愈高。

最後，在搭配假面舞表演的樂器，最常見的是爲「大小鑼」、「小鼓」、「仗鼓」、「竹嗩吶」以及「嗩吶」等等樂器。而每個樂器在假面舞中，所負責的部分不盡相同，如大鑼用於假面舞表演的開頭或者是空檔時間；而狀似沙漏的杖鼓爲樂團的靈魂角色，幾乎在演奏假面的曲目中，都以杖鼓爲首。

而在二十世紀八〇年代，在韓國大學裡掀起民主運動，大學生帶假面表演、諷刺當時社會，假面舞也因此相繼興起。如今假面舞除了已經成爲韓國人民俗遊戲之外，還出現手製假面活動供人參與，而在大學講臺中，講授假面舞的課程也相應而生，讓這項韓國傳統文化再度得到新血，重新再現其假面風華。

五、韓國建國神話——壇君（단군）開國以及「春香傳」（춘향전）介紹

「檀君朝鮮」是一個有關於韓民族起源的一個神話傳說，也是後代朝鮮半島對傳說中檀君所建立的國家的一種稱呼。

這一傳說首次出現於南宋（一二二七年至一二七九年）滅亡後不久，高麗僧侶一然所著《三國遺事》（約成書於一二八〇年代）中的《魏書》引用部分。但是，就我們可以閱覽到的其他文獻中，在現存陳壽所著《三國志》記錄曹魏的《魏志》，以及記錄元魏的《北魏書》兩書中，都沒有提及到其相關連的內容。換句話說，除了將檀君神話當做民族主義史觀基礎的韓國和北朝鮮以外，沒有學者承認，產生年代先於《三國遺事》文字記載，有關檀君的古書或古代紀錄存在。再則，最近晚近出現的《桓檀古記》、《揆園史話》等書，與《三國遺事》中對於壇君的敘述也有差異。

但是在這裡，我們先擺脫這些擾人的神話版本考究問題，首先就依據《三國遺事》中引用《魏書》的敘述，來陳述此韓民族起源的神話大綱。

即很久以前，因爲天神——桓因（佛教中帝釋天的別名）的庶子桓雄（환웅）

對地上人世間產生了興趣，向其父要求下人界，而桓因則授予桓雄三個「天符印」（천부인），作爲天上神仙的標誌。桓雄與部下三千人一起在太白山的「神檀樹」（신단수）下降臨人間，在那裡創立名爲「神市」的國家來治理人間，同時也設置了風伯、雨師、雲師主管農事、疾病、刑罰、善惡等三百六十事，來管理人間事務。

而這時候，有一頭老虎和一頭熊原本同住在一個洞穴內，一日前來神壇樹下，祈求桓雄把牠們變成爲人，而桓雄給了他們一根神奇的艾草和二十個蒜，並告訴牠們吃完這些東西之後，躲藏入洞穴一百日，若一百天之內若不見陽光，即可功德圓滿，化身爲人類。

而在這一百日的等待，因老虎忍受不住，最終放棄而跑出洞外，化身人類一事，終究無疾而終。而熊在忍受一百天的修練，終於變成了女人樣子的「熊女」。但是，因熊女身邊沒有配偶，可以一起生下孩子，所以熊女再次前來到神壇樹下，請求桓雄，而桓雄受其熊女感動，暫時變化成人的姿態，並與熊女生下一個孩子，他就是後來的檀君王儉。

王儉是唐高堯帝的稱呼（中國三皇五帝中堯帝的稱呼，當時高麗的第三代王定宗的名字爲堯，所以避諱，採用意思相近的「高」字），檀君在堯即位五十年後即位，

以平壤爲首都，以朝鮮爲號，並以「弘益人間」（홍익인간）爲建國理念，管理人間一千五百年。由此，朝鮮半島建立了第一個國家，人們稱爲「古朝鮮」，也稱爲「檀君朝鮮」。後來，周武王封商朝遺民箕子於朝鮮，檀君隱居阿斯達山中成爲山神，一千九百〇八歲時去世。

而直到如今，韓民族仍然一直把檀君看成是韓民族的始祖，在國內建立起供奉桓因、桓雄以及檀君靈魂的祠堂。除此之外，也有把檀君作爲宗教首領而創辦出來的本土宗教。現在韓國則是將每年的十月三日訂爲國家起源日。

繼之，我們要介紹的是，韓國人都知道的藝術作品，即：《春香傳》（춘향전）。而《春香傳》是朝鮮半島著名的愛情故事，數百年來一直都在韓國當地盛行，甚至也流傳至東亞地區。

最初《春香傳》是以說唱藝術形式出現，之後被創作爲小說，而其中的《春香歌》就是朝鮮半島，傳統說唱藝術——「盤索里」（판소리）的代表節目之一，且《春香傳》也曾多次改編成電影、音樂劇、歌劇和電視劇。中國亦曾把此劇改寫成爲京劇及越劇等諸多藝術形式。

接著，我們要來簡單的介紹《春香傳》中的登場人物，以及內容故事大綱；在《春

香傳》中主要登場的人物有以下幾位：成春香（성춘향），月梅與前任使道所生女兒；李夢龍（이몽룡），李使道之子；月梅（월매），成春香的母親，本是妓女，後與前任使道生下春香；方子（방자），李夢龍的僕人；香丹（향단），春香的丫環；卞學道（변학도），李使道的繼任者；李使道（이사도），李夢龍的父親，後升遷調漢陽任職。

故事大綱爲：三百年前，朝鮮全羅道南原府，妓生月梅與前任使道所生的女兒成春香，外貌出眾，且在成長過程中，熟讀詩書，成爲有德有容之美人。在某年端午節，南原府使的公子李夢龍帶著僕人方子登上廣和樓，春興大發地吟起詩來，而這時，撞見剛好也帶著女僕香丹前往廣和樓前面小河邊柳樹林盪鞦韆嬉玩的春香。

偶然間看到春香的李夢龍一見鍾情，命令手下把春香叫過來，兩人見面，情投意合，之後在月梅的見證下結爲夫婦。

不久，使道調任漢陽，命夢龍隨行並參與科舉考試。由於當時朝鮮的科舉規定，不可以讓已婚的兩班子弟參加科舉考試，所以夢龍不敢讓父親知道，他已經跟春香私訂終身了。李夢龍前去京城參加科舉考試時，把春香留在南原並在與她別離時，約定等他高中科舉後，就會來接她。

三年後，新任使道卞學道（변학도），聽說春香是最美的姑娘，仗勢強納爲妾，春香抗拒。卞學道惱羞成怒，嚴刑拷打春香。春香寧死不屈，被投入監獄，而在監獄的春香想念著夢龍入睡，夢中遇到二妃，而二妃問了路過的盲人，告訴她夫婿一定會回來。

另一頭，南原的百姓看到春香飽受冤獄之災，都替春香打抱不平，所以自發蒐集匙羹、勺子，以便將來春香死後可以爲她建立一座金屬牌坊。而卞學道這時也打算在自己的生日宴會上，最後一次詢問春香是否服從爲妾，若還是遭到春香拒絕的話，眞打算對她處以死刑。

到了漢城的李夢龍刻苦讀書，只盼有一天能早日與春香相會，終於在科舉考試中，高中狀元，並得到君主的密令，做了巡按御史來到全羅道。在查訪途中，聽農夫說起春香的不幸，他急忙趕回南原拯救春香。而在路上他穿上乞丐的服裝來隱藏自己的身分，來到了春香家見了月梅，月梅看到李夢龍落魄成這樣，便失望地大喊春香一定無法得救，會蒙冤而死；李夢龍前往監獄去找春香，春香卻也沒認出他來。

最後，卞學道的生日那天，各級官吏都來了，場面之大。而夢龍身穿破爛參加宴會，以「高」和「膏」兩字爲韻做詩來批判貪官汙吏的暴政。劇情急轉直下，最終，夢龍查辦了卞學道，將他撤職定罪，在老百姓的歡呼聲中，把春香從監獄中救出，且因爲守節而封爲貞烈婦人，並與夢龍重新團圓，養育了三男兩女，開始幸福的生活，而李夢龍最後從御史官拜到左右領相。

而另外一個《春香傳》版本的結局是，夢龍在京城與貴族之女結婚，春香含恨自殺。

以上便是《春香傳》的故事大綱，而在談完《春香傳》的內容，最後，我們以《春香傳》的版本考察來結束這一章節。據說《春香傳》該故事早在十四世紀高麗恭愍王時代就已經產生，但作者和年代都不詳。來到十八世紀末、十九世紀初，李朝二十一代王英祖（一七二四至一七七六）和二十二代王正祖（一七七六至一八〇〇）統治時期，才最終形成完整的作品。在流傳過程中，該書先後出現過包括以下多個重要版本在內：全州土版《烈女春香守節歌》、京版《春香傳》、漢文版《水山廣寒樓記》、《漢文春香傳》、抄本《古本春香傳》。最後於一九五四年，朝鮮作家同盟出版社根據《烈女春香守節歌》進行了整理和校注，以《春香傳》的書名出版發行，而這也就是我們當今看到的《春香傳》版本。

六、韓國貨幣上的人像、圖案

韓國素有「小中華」【2】之稱，甚至在他們的生活中保有著傳統儒家文化的思想，如他們生活中所寫的韓文、所說的韓語，端看對話者的身分、年紀，而區分出「敬語」以及「半語」，嚴格的長幼有序、潛在的禮儀，即可見之。

除此之外，之所以讓筆者認爲韓國社會保有傳統儒家文化思想的理由，就在於他們日常生活所使用的錢幣上。

就當代二〇一三年韓國當地所使用的貨幣——「韓元」，有紙鈔以及硬幣兩大種類，而紙鈔最大面額爲五萬韓元，依序之後爲一萬元、五千元以及一千元；而硬幣最大面額爲五百元，依序爲一百元、五十元以及十元；當然，現今韓國的貨幣流通，還有可以直接從ATM提款機，提領出「支票」的方式。但是在這一章節，我們不討論支票此種類，而是把重心放在上述我們提到的五萬元以及五百元硬幣等圖案的探討。

筆者滿喜歡韓國貨幣上人像、圖案的設計，因爲它們保留著濃厚的韓國歷史，或者我們可以放大來說，即保留著人類思想寶藏的「人文精神」。

偉大人士的精神，或者是文化的精神，總是屬於全世界人類的，而不是專屬一個國家，但是國家若有可能，仍要盡力把這樣偉大人士的精神、屬於人類的文化精神加以發揚光大。

首先是一千元鈔票上的人像——李滉（이황，一五〇一至一五七〇）。李滉，字景浩，號退溪、陶翁，清涼山眞寶人，爲朝鮮時代中期的大臣、儒學思想家，而李退溪在朝鮮中期，在韓國境內發揚中國朱子學說，爲韓國有名的儒學家，並且創立退溪學派，爲朝鮮儒學泰斗，被日本人稱爲「東方的朱子」。

而除了一千紙鈔上以他爲首之外，在首爾內中路區北部，還有以他的名字命名的退溪路，此外，在韓國各大學、研究機關，以退溪爲名成立的研究院也不在少數。

繼之，五千元鈔票上的人像——李珥（이이，一五三六至一五八四）。李珥，字叔獻、見龍，號：栗谷、石潭、愚齋，後世尊稱其爲李栗谷或栗谷先生。同樣也是活躍於朝鮮中期有名的儒學家，除了接受傳統朱子學之外，還改造出「主氣論」爲主的學派，且跟李退溪「主理論」的朱子學，相庭抗禮，兩人並稱韓國朝鮮儒學的「雙璧」。而在二〇〇六年韓國發行的新版五千韓元紙幣肖像畫的正面即爲李珥，以及他的出生地烏竹軒和竹子，背面則爲李珥母親與申師任堂的名畫——草蟲圖爲底。

一萬元鈔票上的人像，爲發明韓國文字「訓民正音」（훈민정음）的世宗大王（세종대왕）。李氏朝鮮第四代國王，關於世宗大王的事蹟，我們在此書的前半部，已經詳細介紹過了，故在此我們省略之。

五萬元鈔票上的人像，爲李栗谷的母親，同時也是朝鮮中期的女性畫家、作家、儒學者以及詩人，她在書法、繪畫和詩歌上的傑出成就，成爲韓國人心目中典型的賢妻良母形象。申師任堂（신사임당，一五〇四至一五五一），字仁善、號師任堂、思任堂、師妊堂、妊師齋、任堂，本名仁善，江原道江陵人。而在二〇〇九年六月二十三日，韓國發行的五萬元紙鈔，正面爲申師任堂肖像，背面爲她的名畫月梅圖及風竹圖。而這也是韓國紙鈔上，第一次出現女性人物[3]。有趣的是，母子同爲國家貨幣上的人像，在世界各國的歷史上恐怕還是首例。

那麼，韓國硬幣上的圖案、人像又有哪些呢？

首先，是五百硬幣，上面以象徵和平的吉祥物——「鶴」（학）爲圖案。的確，朝鮮半島在歷史上的發展，亦是中國、日本等鄰國兵家必爭之地，如我們在前文提到的，在中國元朝，中國曾經兩度以朝鮮半島爲跳板，攻打日本。而中國、日本也爲了朝鮮的宗主權，以及爭奪朝鮮的資源，在朝鮮當地爆發了不少次的衝突、戰爭。如

一八九四年的中日戰爭、一九〇四年日本和俄國交戰的日俄戰爭，以及在大東亞共榮圈時代，日本殖民朝鮮當地，實現征服中國野心的第二次世界大戰，到了近代一九五〇年的韓戰等等，說朝鮮半島爲「遠東的火藥庫」也不過分。而「鶴」之所以被韓國人選作爲硬幣上的圖案，我想跟五十元硬幣，以韓國主食「稻米」爲圖案，都是在祈求朝鮮半島平安永存、無紛亂戰事，不是嗎？

而一百元硬幣上面的人像，是朝鮮時期抗倭寇的民族英雄李舜臣（이순신，一五四五至一五九八）將軍。李舜臣，字汝諧，號德水，朝鮮京畿開豐（今開城）人，爲李氏朝鮮時期名將，死後追封諡號「忠武」，爲韓國家喻戶曉的人士。其聞名的功績在於，李舜臣在壬辰衛國戰爭中，以龜甲船數次擊敗入侵的倭寇，立下了不少汗馬功勞，其中以「鳴梁大捷」和「閑島山大捷」爲最負盛名的兩場海戰。而一五九八年，李舜臣在露梁海戰中被日軍槍彈打中左胸倒地，臨死前，他還擔心部隊因爲他而慌了陣腳，特別對身邊人說：「不要告訴士兵我的死亡，因爲現在戰爭還很激烈，別打亂軍心。」

除此之外，李舜臣文武雙全，在與倭寇戰爭時期，寫下《亂中日記》（난중일기）以及《壬辰章草》（임진장초）兩書，來記載當時他對國家的期望、軍事戰術的應用，

以及戰爭前線狀況的描述等等，跟朝鮮五大名宰相之一的柳成龍（류성룡，一五四二至一六〇七）所著的《懲毖錄》（징비록），合稱爲壬辰外亂時三大古籍。

而在一九五〇年七月，北韓設立了李舜臣勳章和李舜臣獎章，用以授予在作戰中立有戰功的海軍將士們。而在南韓，首爾光化門廣場和釜山的龍頭山公園，都建有李舜臣將軍銅像，供市民景仰；首爾的忠武路也是爲紀念李舜臣的歷史功績所命名，當韓國人提到李舜臣，都會在他的名字後方加上將軍，或者是稱爲「忠武公」、「李忠武公」以表尊敬。且南韓海軍開發的 KDX-II 驅逐艦，被命名爲——忠武公李舜臣級驅逐艦。

五十元硬幣，上面以象徵韓國主食的「稻穗」（벼이삭）爲圖案。我想會選擇這樣的圖案，除了表示韓國主食爲「稻穗」之外，象徵出來的意義，如同在五百元硬幣提到的，韓國經年常受戰亂之苦，在這硬幣上繪上「稻穗」，是期望國家能年年豐收，不再受到戰火之亂。

十元硬幣，上面爲世界遺產，以韓國「佛國寺的多寶塔」（불국사의 다보탑）爲圖案。多寶塔位於韓國慶州歷史遺跡區域中的佛國寺內，它作爲韓國國寶第二十號及作爲體現新羅時期顛峰的佛教文化，而被雕印在韓國十元硬幣上。

以上就是我們介紹韓國紙幣以及硬幣上的人像以及圖案，而藉由韓國傳統儒學家——李退溪、李栗谷到象徵和平的「鶴」以及佛教精神文化的「多寶塔」，我們都可以看到在韓國人的生活中，隱藏著傳統儒家文化、人文精神的存在。

我們還是要反省筆者在此篇章前，一開始就提出來的偉大人士的精神，或者是文化的精神，總是屬於全世界人類共屬的，國家若有可能，仍要盡力把這樣偉大人士的精神、屬於人類的文化精神加以發揚光大。因爲，一個國家的強大，不僅僅是在經濟，而是在精神、人文上，那麼，我們自己國家在這一個部分有盡力了嗎？

柒、韓國十大世界遺跡介紹

在這一章節，我們要來介紹韓國當地的十大世界遺跡，爲什麼要介紹韓國當地的十大世界遺跡給大家知道呢?因爲藉由他國對世界遺產的保存、維護，讓我們學習到，遺產除了可以使自己的國家在國際上打響名聲之外，更可以讓我們知道在這地球上，有哪些是屬於我們人類精神的文明財產。

而韓國於一九八八年九月十四日加入世界遺產公約，截至二〇一二年爲止，韓國已有十個專案被列入世界遺產名錄，包括九個文化遺產和一個自然遺產。另外還有將近十四個寶貴的遺產，正在申請世界遺產專案。

而這十大世界遺產，我們在底下作簡單的說明其特色以及歷史。

一、昌德宮（창덕궁）

是建造於一四〇五年的朝鮮王朝離宮，可說是極具韓國特色的宮殿，但是在壬辰倭亂（一五九二至一五九八年）時全部被毀。於一六〇九年重建，之後三百年以來，一直都是作爲朝鮮王朝的正宮存在，同時也是現存的朝鮮故宮中維護最完善的建築，保持著昔日王朝的建築風貌。尤其是正門的「敦化門」，雖逢戰亂侵襲，但被燒毀的木造建築，保留至今，別具特色。

而在其昌德宮內的故宮，裝飾著美麗的天井而聞名的「仁政殿」，以及富麗堂皇、氣派的「大造殿」宮殿，還有顯示朝鮮王朝時期的人工造景藝術精髓的「後苑」，周圍有蒼松翠柏、溪谷池塘、小橋流水相互印襯，登上「與和樓」更可將其美景一覽無遺。

二、高敞、和順、江華支石墓遺址（고인돌）

位於韓國高敞郡、和順郡和江華郡中。「支石墓」一言指的是，史前部落首領的陵墓，體現史前朝鮮巨石文化。據說韓國擁有世界上40%的支石墓，其中以高敞、和順及江華地區最爲集中。

而在二〇〇〇年時，高敞、和順、江華支石墓地點群被聯合國教科文組織指定爲世界文化遺產。

三、慶州歷史區（경주 역사 유적 지구）

「慶州」歷史遺跡地區，位於大韓民國慶尚北道，原新羅的國都——慶州一地。在其歷史遺跡地區內，有著大量的新羅遺跡和文物，可說是目前世界上最大的露天博物館。而慶州在二〇〇〇年被列爲世界文化遺產。慶州歷史遺跡可區分成四大領域：南山、月城、大陵苑以及皇龍寺。依序分述如下：

㈠新羅人的聖山——南山地區，有著大量新羅佛教和巫敎的歷史遺跡，其中新羅佛教歷史遺跡包括一百二十二座佛寺、五十三座石雕塑像、六十四座石塔和十六個石燈，且歷史遺跡還包括南山城、鮑石亭遺址、書出池等等。

㈡月城地帶歷史遺跡主要包括，原新羅宮廷遺址月城、雞林、雁鴨池遺址以及瞻星臺等遺跡。

㈢大陵苑則有三座新羅王陵，其中最著名的是天馬塚。

㈣皇龍寺的遺跡占地七萬二千五百平方米，是朝鮮半島有史以來規模最大的佛寺。該佛寺在蒙古入侵高麗時被燒毀，不過仍有四萬多件文物從皇龍寺遺址出土，而其中最著名的遺跡——芬皇寺石塔，最初建造時約有七到九層塔，目前僅存三層塔座。

四、海印寺（해인사）

位於韓國慶尚南道伽倻山，與「通度寺」和「松廣寺」，合稱韓國佛教的「三寶寺」。

在海印寺中，內藏有「高麗大藏經」，已經被聯合國教科文組織指定為世界遺產。而高麗大藏經，又稱「八萬大藏經」，是十三世紀高麗王朝高宗花費十六年時間，雕刻而成的，也是世界上最重要且最全面的大藏經之一。高麗大藏經內容全面，準確無誤，雕工精美，為韓國第三十二號國寶，其保存地——韓國海印寺也為聯合國教科文組織指定的世界遺產。

而高麗大藏經的歷史，最早在一〇八七年雕成，時稱為初雕版。在一二三二年，因蒙古軍入侵高麗，初雕版被燒毀。高麗高宗為祈願降伏蒙古軍，於高宗二十三年（一二三六年）下令再次雕造大藏經，故於江都設立「大藏都監」，於晉州南海縣進行雕造，經過十六年，於高宗三十八年（一二五一年）大功告成、完工。而此版稱為「再雕版高麗大藏經」，即現今所流傳下的「八萬大藏經」。而高麗大藏經經版，原先藏於江都大藏經板堂，在十四世紀中葉，爲了躲避日本人入侵，移置海印寺，一直流傳至今。

高麗大藏經共有一千四百九十六章，六千五百六十八卷，五千二百三十八萬二千九百六十漢字，雕刻於八萬一千三百四十塊木板上。每塊木板長二十四釐米，寬六十釐米，高二點六到四點〇釐米，而每塊的重量約在三到四公斤左右。

高麗大藏經所包含的佛經版本內容，涵括北宋、契丹和高麗的大藏經，並且有當時高麗高僧所添加的內容，故對了解古代中國，和契丹的大藏經具有很高的歷史價值。

細分而言，高麗大藏經又可分成三個部分，第一部分是高麗高宗時期所造本藏，共一千五百一十三部，六千八百〇七卷。第二部分是在清同治四年（一八六五年），海冥壯雄撰補遺目錄中，增列的十五部二百三十六卷。第三部分，則是將近一萬塊的雜版。

五、韓國歷史村落——河回村（하회마을）和良洞村（양동마을）。

㈠河回村

位於慶尙北道安東市的一座村落，因爲洛東江支流花川在此迴繞而得名。當地保留了朝鮮時代的建築和風俗，其中包括河回面具。二〇一〇年七月三十一日，與慶州良洞村以「韓國歷史村落」的名義，獲列入世界遺產名錄。

㈡良洞村

當地村落體現十五、十六世紀形成的典型朝鮮儒教文化的兩班村落。「兩班」（양반）一詞的來源，來自於高麗時代，在高麗太祖王建建國之後，爲了打破新羅時代只注重血統的骨品制度，大肆提拔對建國有功的人士，以及地方的豪族。而這些被提拔的人士，在上朝時，君王坐北朝南，面向皇帝立於東邊的一排稱爲「東班」（文

班），而立於西邊的一排稱之爲「西班」（武班），因此「東（文）班」和「西（武）班」，合稱爲「兩班」，簡單的說，就是「貴族」的意思。

目前良洞村居住著約一百五十多戶人家，大部分房屋都對外遊客開放，表現當地人熱情好客的個性，而在村落中，三百六十餘座磚瓦房和茅草房成扇型分布，向遊客們全面展現朝鮮時代中後期，豐富多彩的傳統住屋結構。

六、水原華城（수원화성）

朝鮮時代被指定爲新首都候補都市的水原，是一座經過規劃的典型都市，擁有超過一百萬人口左右的京畿道道廳，以及世界文化遺產「華城」的所在地。

水原華城起建於朝鮮王朝第二十二代君王正祖（一七五二至一八〇〇年）時代，是爲了向父親莊獻世子表示孝心以及顯示經濟實力而建造的新城市。參造當時著名的實學家——柳馨遠（一六二二至一六七三年）和丁若鏞（一七六二至一八三六年）先生的設計，於一七九六年一月竣工，啓用了起重機、轆轤等等，新型的建築機械工具，以其高度的科學性、合理性及實用性，建造出全長五點五二公里的水原華城城牆，且安裝在其他城內看不到的軍事設施，如城牆上面多個射擊口，既可以掩護自身，又能監視和攻擊敵人，因此被譽爲東方城牆之冠。來到這裡，可以看到東西南北四個方位都有其城門，東門稱「蒼龍門」，西門稱「華西門」，南門稱「八達門」，北門稱「長安門」。其中，水原城內還有小溪流經，小溪與城牆相遇處則設置了水門，共有七個拱形水門可供小溪流過，而在其上修建了名叫「華虹門」的樓閣。當我們登上「西將臺」可俯看市區全景，緬懷王朝的風雅。

水原華城也於一九六三年一月被指定爲第三號史蹟，一九九七年十二月與昌德宮一起被聯合國教科文組織認定爲世界文化遺產。

七、濟州火山島和熔岩洞（제주 화산섬과 용암동굴）

濟州島是韓國最大的離島，位於朝鮮半島西南側的東海上，北距木浦一百五十四公里，東北距釜山三百○四公里，東面隔海相對於日本的對馬島以及長崎縣，西面與中國的上海隔海相離，北面與朝鮮半島隔海相望，而島上最高山峰——漢拏山是一座休火山，海拔高達一千九百五十公尺，也是南韓的最高峰，超越南韓本土最高峰智異山（海拔一千九百一十五公尺）與第二高峰雪嶽山（海拔一千七百○八公尺）。

在濟州島南側，西歸浦處還有著名的「正房瀑布」、「天帝淵瀑布」與「天地淵瀑布」等景點，在其海岸邊也有奇特的火山柱狀節理海岸。

而濟州火山島和熔岩洞等美景，於二○○七年被聯合國教科文組織定爲世界自然遺產。

八、宗廟（종묘）

供奉著朝鮮王朝歷代君王以及王妃的神位。與景德宮同時興建的宗廟占地寬廣，設有正殿、永寧殿以及陳列先王遺物的紀念館，除了作爲保存韓國傳統文化的場所之外，也是首爾市民散步乘涼的好去處，並有天橋通往昌慶宮；每年五月還會在這裡演奏雅樂，舉行宗廟祭禮。

九、朝鮮王陵（조선왕릉）

是朝鮮李朝時期（一三九二至一九一〇年）二十七代國王、王妃，以及被追封的國王、王妃的陵寢及墓園建築，共有四十二座，絕大多數分布於今大韓民國京畿道、首爾市和北韓開城市境內。

而朝鮮王陵和王妃陵的建築風格，嚴格遵守中國古代的《周禮》、《禮記》等典籍，並以李朝第一代國王李成桂的健元陵爲藍本，由神道、紅箭門、丁字閣、焚帛爐、神道碑、山神石、石像生、魂游石、長明燈、墓塚、寶頂組成。依據功能畫分，又可分爲神道、祭拜區、陵寢區三大部分。

在陵區之內，依山水的自然地貌修建起彎曲的神路，「紅箭門」是祭拜區的入口，通常爲紅色的木柵門，靠近此門的地方有準備日常祭品的水剌房和守陵人員居住的守僕房；紅箭門內爲祭拜主要空間——「丁字閣」爲單層建築，占地廣闊爲三間，其中一間向前凸出，平面呈T字形，當人們在舉行陵寢祭祀儀式時，在其閣內陳設祭主神位以及供品，而在丁字閣旁邊通常設有碑亭，以及祭祀王陵所在的山神靈的山神石。

而朝鮮王陵的「寶頂」通常依據風水理論，選擇左有青龍、右有白虎（均爲小山脈）環抱之地，背後爲主山（來龍）。寶頂建在主山的中脊線延長線上，在寶頂之前有名爲「魂游石」的長方形石臺，供王或王妃的靈魂登臺遠眺。

「魂游石」旁邊立有「長明燈」，其下方是四方或八方的石柱，長明燈兩側爲石望柱。寶頂前方陳列兩對石虎、兩對石羊、文臣和武臣各一對。不同於中國皇陵中，石像生是沿著神道兩兩對立的縱向排列方式，朝鮮王陵的石像生是左右一字排開的。

「寶頂」爲圓形，周圍立有十二塊屏風石或十二地支石。在寶頂後面通常圍有半圓形或U形的矮石牆，稱爲「曲牆」。寶頂之下爲「墓穴」，通常由地面向下挖掘十尺的深度。朝鮮王朝的王室墓葬分爲：「同原」（國王與王妃合葬在同一墓室中）、「同原異封」（王與王妃合葬在一座陵墓中，但是立兩座寶頂；如果在正妃死後還立有繼妃，則修建一前二後或者一前三後的三座、四座寶頂）、「同陵異岡」（王與王妃分葬在兩座陵墓中，兩座陵墓緊挨在一起，共用同一個兆域和享殿，但以不同的主山作爲墓穴的「來龍」。通常王陵在右側，王妃陵在左側）和「異地安葬」（王與王妃在不同的地方建造各自的陵園）四種。

十、石窟庵（석굴암）和佛國寺（불국사）

石窟庵位於大韓民國慶州市吐含山，與相距四公里的佛國寺在一九九五年被列爲世界文化遺產。石窟庵同時也是韓國第二十四號國寶。

石窟庵與佛國寺皆由新羅景德王時期——金大城創建。石窟庵最初稱爲「石佛寺」，是金大城爲他的前生父母所建，而佛國寺是爲他的今世父母所建。

佛國寺，在一九九五年被指定爲世界文化遺產，從七五一年開始建築，到了七七四年才完全建造完成。但在經過壬辰倭亂慘遭焚毀，經過韓國當地數次修復，方重建成現在的建築物，但眞正保持原貌的只有建築物的石造部分。在佛國寺內，以紫霞門的兩座石橋——青雲橋、白雲橋最爲聞名，兩座石橋雖然歷經一千五百年歷史時光，但橋上仍顯示出當年精巧的石造技術。

迴廊與大雄殿以鮮明的丹青塗飾聞名，在寶殿內，安置著釋迦牟尼佛像，色彩華麗；而「多寶塔」雕刻精雅美觀，與「釋迦塔」相映襯；極樂殿、毗盧殿內，有著阿彌陀佛與毗盧舍那等的莊嚴佛像，都爲韓國當地的國寶以及文化遺產，藉由這些遺產顯示出當時登峰造極的新羅文化。

故，綜合以上，我們簡單地列出一簡表來綜合韓國世界遺產：

韓國世界遺產表

名稱	所在地	評定標準	評定年分
昌德宮	首爾	文化遺產 II、III、IV	一九九七
高敞、和順、江華支石墓遺址	全羅北道、全羅南道和仁川	文化遺產 III	二〇〇〇
慶州歷史區	慶尚北道	文化遺產 II、III	二〇〇〇
海印寺藏經版殿、高麗大藏經藏經處	慶尚南道	文化遺產 IV、VI	一九九五
韓國歷史村落：河回村和良洞村	慶尚北道	文化遺產 III、IV	二〇一〇
水原華城	京畿道	文化遺產 II、III	一九九七
濟州火山島和熔岩洞	濟州島	自然遺產 VII、VIII	二〇〇七

名稱	所在地	評定標準	評定年分
宗廟	首爾	文化遺產IV	一九九五
朝鮮王陵	京畿道以及首爾	文化遺產III、IV、VI	二〇〇九
石窟庵和佛國寺	慶尚北道	文化遺產I、IV	一九九五

附錄

一、韓國全國性假日一覽表介紹

時間	節日名稱	特色
國曆一月一日	元旦；신정（新正）	新年的第一天。
農曆正月初一	民俗日；又稱春節설날（구정）	民俗日放假三天。韓國以農曆一月一日的過年爲主，小孩也有領壓歲錢（세뱃돈）的習慣，但是沒有像臺灣這麼多。
三月一日	三一節；신정삼일절	在一九一九年三月一日，韓國大規模反抗日本統治的三一獨立運動的週年紀念日。
四月五日	植木日；식목일	這一天在韓國境內會舉辦全國各地植樹造林活動，爲保護地球的節慶。
五月五日	兒童節；어린이날	韓國五月的節慶最多，首先登場的是五月五日的「兒童節」，在這一天，韓國境內會爲兒童舉行各種慶祝活動。

時間	節日名稱	特色
五月八日	父母親節；어버이날	韓國沒有像臺灣把母親節（五月第二個星期天）跟父親節（八月八號）分開來，都是在五月八日這一天一起慶祝。
五月十五日	教師節；스승의날	韓國的五月充滿著節慶的假日，因爲有著三個重要感恩的節日，而五月十五日則是韓國的教師節，在這一天，可以看到韓國學校的老師都會收到一朵朵由學生準備的鮮花。
農曆五月初五	端午節；단오（단오절）	端午節也是韓國最重大的節日之一，只不過，筆者在韓國留學時，沒有看到當天韓國人像臺灣一樣吃肉粽過節。此日全國放假一天。
農曆四月初八	浴佛節；석가탄신일（釋迦誕辰日）	韓國佛教宗教信仰十分虔誠，此日，在韓國境內各地的佛寺、廟宇會舉行各式各樣的莊嚴儀式與慶祝活動。
六月六日	顯忠日；현충일	全國在這一天向韓戰陣亡將士獻祭，在首爾國立公墓內舉行紀念儀式。

時間	節日名稱	特色
七月十七日	制憲節；제헌절	紀念韓國於一九四八年頒布韓國憲法的紀念日。
農曆七月七日	七夕；칠석	沿襲自中國的節日，也是韓國最重大的節日之一，即情人節。
農曆七月十五日	中元節；중원절	沿襲自中國的節日，也是韓國最重大的節日之一，俗稱鬼月。
八月十五日	光復節；광복절	一九四五年八月十五日，韓國從三十五年的日本殖民統治下脫離。這一天也是一九四八年韓國政府成立紀念日。
農曆八月十五日	中秋節；추석（秋夕）	中秋節是韓國最重大的節日之一，放假三天。這一天又名韓國感恩節，一般人會在節前互相送禮，且會趁中秋節返鄉、回家祭祖以及掃墓。
十月三日	開天節；개천절	紀念韓國創世神話中的檀君開國的節日。有些韓國學者聲稱檀君於公元前二三三三年建立第一個朝鮮族國家。

時間	節日名稱	特色
十二月二十五日	聖誕節；크리스마스	耶穌基督誕辰日。西方節日在韓國也同樣受到重視，而在當天韓國天主教以及基督教的宗教活動極爲熱鬧地展開。

二、韓國每個月的情人節

我們介紹完韓國當地重要的節慶、國定假日之外，在韓國年輕人中還流行著每個月十四號的各式各樣的「情人節」紀念日呢！而這也算是韓國人生活中當地特有的文化，分述如底下：

一月十四日「日記節」（다이어리 데이）：新的一年的第一月，朋友們習慣買行事曆本或者是日記本送朋友，祝這一年有好的、新的開始。

二月十四日「情人節」（밸런타인데이）：女生表達心意，送給心儀男方巧克力之節日。

三月十四日「白色情人節」（화이트 데이）：男生回送糖果給喜歡的女生告白之節日。

四月十四日「黑色情人節」（블랙 데이）：沒有男女朋友的朋友們，身穿一身黑衣、黑褲爲象徵，一起去吃黑色的炸醬麵，以表孤單。

五月十四日「黃色情人節」（옐로 데이）：身穿黃色的衣服去吃黃色的咖哩飯，來表示這一年一定要斷絕單身，找到男女朋友和另一半。

六月十四日「親吻節」（키스 데이）：男女朋友之間，這一天以親吻來表達彼此的愛意。

七月十四日「銀戒節」（실버 데이）：男女朋友互贈銀戒指，約定永遠相愛之節日。

八月十四日「綠林節」（그린 데이）：戀人這一天相約出遊，到山林散步、進行森林浴之節慶。

九月十四日「照片節」（포트 데이）：和男女朋友一起拍張愛的合照，表示相愛。

十月十四日「洋酒節」（와인 데이）：和戀人一起分享一瓶好的洋酒之日。

十一月十一日「光棍節」（빼빼로 데이）：有戀人沒戀人的朋友，這一天互送巧克力棒來表示愛意、友情。

十二月十四日「擁抱節」（허그 데이）：和戀人在這一天，來個大大的擁抱之節日。

三、韓國與世界大事年表

此書的最後章節，就以筆者在韓國當地搜尋到的韓文文獻，翻譯出韓國與世界大事的年表，而這年表純爲韓國人角度出發，藉由這樣的小圖表，我們也可以看到韓國人眼中的世界、眼中的歷史。

時期	韓國史 年代	韓國史 主要大事	韓國史 時代	世界史 年代	世界史 主要大事	世界史 時代 中國	世界史 時代 西方
西元前	約七十萬年前	舊石器時代文化	先史時代	三〇〇〇年左右	埃及文化出現	春秋戰國時代	古代社會
	約八〇〇〇年	新石器時代文化		二五〇〇年	中國黃河文化開始		
	二三三三年	古朝鮮建國	聯盟王國	一八〇〇年左右			

時期			西元前				
韓國史	年代		二〇〇〇至一五〇〇年左右	五〇〇年前左右	一〇八		
	主要大事		青銅器文化的普及	鐵器文化的普及	古朝鮮滅亡		
	時代		聯盟王國				
世界史	年代		六世紀初	五五一年左右	三三四年	二二一年	二〇二年
	主要大事		釋迦牟尼誕生	孔子誕生	亞歷山大大帝遠征東方	秦朝統一天下	漢朝建國
	時代	中國	春秋戰國時代			秦	漢
		西方	古代社會				

時期	韓國史			世界史			
	年代	主要大事	時代	年代	主要大事	時代（中國）	時代（西方）
西元前	五七	新羅建國	聯盟王國			漢	古代社會
	三七	高句麗建國					
	一八	百濟建國		二七年	羅馬、帝制開始		
				四年	耶穌、基督教誕生		
西元後	四二	伽耶建國	三國時代	二五	後漢建國	三國時代	
	三七二	佛教傳至高句麗，設立太學		二二〇	後漢滅亡，三國時代開始		
	三八四	佛教傳到百濟		二八〇	晉統一全國	晉	

時期		西元後					
韓國史	年代	四三三	五二七	五六八	六一二		
	主要大事	新羅和百濟結爲同盟	新羅公認佛教	新羅征服伽耶	高句麗薩水大捷		
	時代	三國時代					
世界史	年代	三九五	四三九	四七六	四八六	五八九	六一〇
	主要大事	羅馬帝國分裂爲東西帝國	中國南北朝設立	西羅馬帝國滅亡	法蘭克帝國建國	隋王朝統一全國	伊斯蘭教創教
時代	中國		南北朝時代			隋	
	西方	古代社會				中世紀社會	

時期			西元後						
韓國史	年代		六二四	六四五	六四八	六六〇	六六八	六八五	六七六
	主要大事		道教傳入高句麗	高句麗安城市戰爭	新羅和唐朝聯合	百濟滅亡	高句麗滅亡	設立九州五小京	新羅統一三國
	時代		三國時代					南北國時代	
世界史	年代		六一八	六四五	七七一				
	主要大事		唐建國	日本大化革新	查理大帝統一法蘭克帝國				
	時代	中國	唐						
		西方	中世紀社會						

時期	西元後		
韓國史	**年代**	**主要大事**	**時代**
	六九八	渤海建國	南北國時代
	九〇〇	甄萱建立後百濟	
	九〇一	弓裔建立後高句麗	
	九一八	王建建立高麗	
	九二六	渤海滅亡	
	九三五	新羅滅亡	
	九三六	高麗統一後三國	

時期	西元後			
世界史	**年代**	**主要大事**	**時代 中國**	**時代 西方**
	八二九	英格蘭帝國建立	唐	中世紀社會
	九〇七	唐朝滅亡，五代十國開始	唐	
	九一六	契丹建國	五代十國	

時期		西元後				
韓國史	年代	九五八	九九二	一一四五	一一七〇	一一九六
	主要大事	實施科舉制度	設立國子監	金富軾編撰《三國史記》	武臣政變	崔忠獻集權
	時代	南北國時代		高麗時代		
世界史	年代	九六〇	九八七	一〇三七	一〇五四	一〇九六
	主要大事	宋建國	法蘭西卡佩王朝開始	塞爾柱王朝建國	基督教分裂成東西教	十字軍遠征(至一二七〇年)
	時代 中國	北宋				
	時代 西方	中世紀社會				

時期		西元後					
韓國史	年代	一一九八					
	主要大事	萬積之亂					
	時代	高麗時代					
世界史	年代	一一一五	一一二五	一一二七	一一九二	一二〇六	一二一五
	主要大事	金建國	金、遼國滅亡	北宋滅亡、南宋王朝開始	日本鎌倉幕府建立	成吉思汗統一蒙古	英國制訂大憲章
	時代 中國		南宋				
	時代 西方	中世紀社會					

時期		西元後			
韓國史	年代	一二三一	一二三二	一二三六	一二五八
	主要大事	蒙古第一次侵入	江華遷都	高麗大藏經初雕版開始（至一二五一年）	武臣政權沒落
	時代	高麗時代			
世界史	年代	一二四一	一二七一	一二七九	
	主要大事	神聖羅馬帝國漢薩同盟	元帝國建立	南宋滅亡	
	時代 中國	南宋		元	
	時代 西方	中世紀社會			

時期	韓國史 年代	韓國史 主要大事	韓國史 時代	世界史 年代	世界史 主要大事	世界史 時代 中國	世界史 時代 西方
西元後	一二七〇	還都開京，三別抄對蒙古抗爭開始	高麗時代			元	中世紀社會
				一三〇九	教皇遷到亞維儂城（至一三七七年）		
	一三五九	紅巾賊入侵		一三三八	日本室町幕府設立		
	一三七七	《直指》印刷		一三六八	元朝滅亡，明朝建國	明	

時期		西元後			
韓國史	年代	一三八八	一三九二	一四一四	一四一八
	主要大事	回軍威化島	高麗滅亡，朝鮮建國	朝鮮，八道地方行政組織完成	世宗大王登基
	時代	高麗時代		朝鮮時代	
世界史	年代				
	主要大事				
	時代（中國）	明			
	時代（西方）	中世紀社會			

時期	韓國史 年代	韓國史 主要大事	韓國史 時代	世界史 年代	世界史 主要大事	世界史 時代 中國	世界史 時代 西方
西元後	一四二〇	擴張集賢殿	朝鮮時代	一四二九	聖女貞德擊敗英軍	明	
	一四四三	制訂訓民正音		一四五〇	古騰堡，活字版印刷發明		近代社會
	一四四六	頒布訓民正音		一四五三	拜占庭帝國滅亡		
	一四八五	編纂《經國大典》		一四五五	玫瑰戰爭（至一四八五年）		
	一五四三	白雲洞書院設立		一五一七	路德宗教改革		

時期		西元後			
韓國史	年代	一五九二	一六一〇	一六三六	
	主要大事	壬辰倭亂（至一五九八年）	完成《東醫寶鑑》	丙子胡亂（至一六三七年）	
	時代	朝鮮時代			
世界史	年代	一五三六	一五六二	一六一六	一六一八
	主要大事	約翰・加爾文宗教改革	胡格諾戰爭（至一五九八年）	後金建國	德國，三十年戰爭（至一六四八年）
	時代（中國）	明			
	時代（西方）	近代社會			

時期	西元後		
韓國史 年代			
韓國史 主要大事			
韓國史 時代	朝鮮時代		
世界史 年代	一六二八	一六四二	一六八八
世界史 主要大事	英國，提出權利請願	清教徒革命（至一六四九年）	英國名譽革命
世界史 時代 中國	明	清	
世界史 時代 西方	近代社會		

時期	韓國史			世界史			
	年代	主要大事	時代	年代	主要大事	時代 中國	時代 西方
西元後	一七二五	實施蕩平策	朝鮮時代			清	近代社會
	一七七六	設立奎章閣		一七七六	美國獨立宣言		
	一七八四	李承薰布道天主教		一七八九	法蘭西革命，人權宣言		
	一七八六	天主教頒布禁止令					
	一八〇一	辛酉迫害					
	一八一一	洪景來之亂		一八三〇	法蘭西，七月革命		

時期	韓國史 年代	韓國史 主要大事	韓國史 時代	世界史 年代	世界史 主要大事	世界史 時代 中國	世界史 時代 西方
西元後	一八三九	己亥迫害	朝鮮時代	一八四〇	清、英國鴉片戰爭（至一八四二年）	清	近代社會
	一八六〇	崔濟愚東學創立		一八四八	法蘭西，二月革命		
	一八六二	壬戌農民起義		一八五〇	清朝，太平天國運動		
	一八六三	高宗登基，興宣大院君集權		一八五八	蒙兀兒王朝滅亡		

時期		西元後		
韓國史	年代	一八七五	一八七六	一八八二
	主要大事	雲揚號事件	簽訂江華島條約	壬武均亂；和美國、英國、德國等國締結通商協定
	時代	朝鮮時代		
世界史	年代	一八六〇	一八六一	一八六三
	主要大事	北京條約	美國南北戰爭（至一八六五年）	林肯，奴隸解放宣言
	時代 中國	清		
	時代 西方	近代		

時期		西元後			
韓國史	年代	一八八四	一八八五	一八八六	一八九四
	主要大事	郵政總局設立	廣惠院設立	梨花學堂設立	東學農民運動，甲午改革
	時代	朝鮮時代			
世界史	年代	一八六八	一八七一	一八八四	一八八五
	主要大事	日本，明治維新	德國統一	清朝、法蘭西戰爭（至一八八五年）	清朝、日本締訂天津條約
	時代 中國	清			
	時代 西方	近代			

時期		西元後					
韓國史	年代	一八九五	一八九六	一八九七	一八九九	一九〇四	一九〇五
	主要大事	乙未事變	獨立協會設立	大韓帝國設立	京仁線開通	韓、日議定書簽訂	簽訂乙巳條約
	時代	朝鮮時代		大韓帝國時期			
世界史	年代	一八九四				一九〇四	
	主要大事	清日戰爭（至一八九五年）				俄羅斯、日本戰爭（至一九〇五年）	
	時代 中國	清					
	時代 西方	近代				現代社會	

時期	韓國史 年代	韓國史 主要大事	韓國史 時代	世界史 年代	世界史 主要大事	世界史 時代 中國	世界史 時代 西方
西元後	一九〇六	設立統監府	大韓帝國時期			清	現代
	一九〇七	高宗皇帝退位					
	一九一〇	日本軍權侵略	日帝強占時期	一九一一	辛亥革命		
	一九一二	公布土地調查令		一九一二	中華民國建立	中華民國	
	一九一九	三・一運動，大韓民國臨時政府成立		一九一四	第一次世界大戰（至一九一八年）		

時期	西元後				
韓國史 年代	一九二〇	一九二六	一九二七	一九二九	一九三四
韓國史 主要大事	青山裏大捷	六・一〇萬歲運動	組織新幹會	光州學生抗日運動	組織震檀學會
韓國史 時代	日帝強占時期				
世界史 年代	一九一七	一九一九	一九三一	一九三九	
世界史 主要大事	俄羅斯革命	凡爾賽條約	滿洲事變	第二次世界大戰（至一九四五年）	
世界史 時代 中國	中華民國				
世界史 時代 西方	現代社會				

時期	韓國史			世界史			
	年代	主要大事	時代	年代	主要大事	時代 中國	時代 西方
西元後	一九四〇	組織韓國光復軍	日帝強占時期	一九四一	太平洋戰爭（至一九四五年）	中華民國	現代社會
	一九四四	組織建國同盟		一九四三	開羅宣言		
	一九四五	八・一五光復，設立朝鮮建國準備委員會	大韓民國	一九四五	波茨坦宣言，德國、日本投降，聯合軍宣言		
	一九四八	設立大韓民國政府		一九四六	巴黎和會		

時期	韓國史			世界史			
	年代	主要大事	時代	年代	主要大事	時代	
						中國	西方
西元後	一九五〇	韓戰	大韓民國	一九四九	成立北大西洋公約組織	中華人民共和國	現代社會
	一九五三	休戰協定簽訂					
	一九六〇	四・一九革命					
	一九六一	五・一六軍事政變					
	一九六二	實施國內經濟開發					
	一九六三	朴正熙政府					
	一九七〇	提倡新村落運動					

時期			西元				
韓國史	年代		一九七二	一九七七	一九七九	一九八〇	一九八一
	主要大事		七・四日南北共同聲明，十月維新	達成輸出一百億美元成績	十・二六事件	五・一八民主化運動	全斗煥政府
	時代		大韓民國				
世界史	年代		一九七五		一九七九	一九八〇	
	主要大事		越南戰爭結束		伊朗回教徒革命	伊朗、伊拉克戰爭	
	時代	中國	中華人民共和國				
		西方	現代社會				

時期		西元後			
韓國史	年代	一九八七	一九八八	一九九〇	
	主要大事	六月民主抗爭	盧泰愚政府。第二十四屆首爾奧林匹克運動會	和俄羅斯聯邦建立外交	
	時代	大韓民國			
世界史	年代	一九八六	一九八八	一九八九	一九九〇
	主要大事	菲律賓，民主革命	伊朗、伊拉克戰爭結束	柏林圍牆倒塌；羅馬尼亞共產獨裁政體瓦解	德國統一
	時代（中國）	中華人民共和國			
	時代（西方）	現代社會			

時期			西元後				
韓國史	年代		一九九一	一九九二	一九九三	一九九四	一九九五
	主要大事		南北韓同時加入聯合國	和中國建立外交	金泳三政府	北韓，金日成過世	實施地方自治
	時代		大韓民國				
世界史	年代		一九九一	一九九二	一九九三	一九九五	一九九七
	主要大事		波斯灣戰爭	蘇聯幫解體，獨立國家聯合體（CIS）誕生	烏拉圭回合關貿總協定妥協	世界無核子化宣言	英國歸還香港給大陸
	時代	中國	中華人民共和國				
		西方	現代社會				

時期	韓國史 年代	韓國史 主要大事	韓國史 時代	世界史 年代	世界史 主要大事	世界史 時代 中國	世界史 時代 西方
西元後	一九九八	金大中政府	大韓民國			中華人民共和國	現代社會
				一九九九	葡萄牙歸還澳門給中國		
	二〇〇〇	六・一五南北韓共同宣言					
	二〇〇二	韓日兩國，共同舉辦世界杯大會					
	二〇〇三	盧武鉉政府		二〇〇三	伊拉克戰爭		

時期	韓國史 年代	韓國史 主要大事	韓國史 時代	世界史 年代	世界史 主要大事	世界史 時代 中國	世界史 時代 西方
西元後	二〇〇五	召開亞細亞、太平洋經濟共同體（APEC）政商會議	大韓民國			中華人民共和國	現代社會
	二〇〇八	李明博政府		二〇〇九	美國歐巴馬總統就職		
	二〇一〇	首爾舉辦G20元首高峰政商會議；三・二六南韓天安					

時期			西元	
韓國史	年代			二〇一三
韓國史	主要大事		艦遭北韓於雷擊沉，四十六人死亡；十一月，北韓砲擊兩韓國界延坪島，造成軍民四人死亡	朴槿惠政府
韓國史	時代		大韓民國	
世界史	年代			
世界史	主要大事			
世界史	時代	中國	中華人民共和國	
世界史	時代	西方	現代社會	

※此圖表於二〇一〇年第一項（G20元首高峰會）以前根據韓國當地歷史文獻資料《韓國歷史與文化》一書翻譯而成，代表當地韓國人當代史學觀點；而之後所補之大事爲筆者增添；詳細書目請參閱後方參考書目一覽。

註釋

序言

【1】如筆者於二〇〇五至二〇〇六年前去韓國高麗大學校際交換學生時，所創作出來的一百三十六篇，即將出版的《首爾一年：高麗大手札》（書名暫訂）；相關文化觀察，也可以參閱筆者，《學慣用句説道地韓語》一書內十篇文化小觀察專欄文章（聯經出版社，二〇一四年七月出版）。

一、大韓民國介紹

【1】亦作「夫餘」，最早在史書出現的地方是《史記》，在衛滿朝鮮於公元前一〇八年被滅國時就已存在，屬居住在中國東北部的古老民族扶餘人所建立的東北亞國家。扶餘國從前二世紀建國到四九四年東扶餘國被高句麗滅國為止，歷時約七百年。後世的高句麗和百濟都是扶餘國的延續，至今朝鮮半島的政權認為扶餘人是今天韓國人的先民之一。

【2】「防擴散安全倡議」（Proliferation Security Initiative, PSI）是二〇〇三年五月三十一日美國總統布希訪問波蘭時發表的集體安全政策，宣布將採取一切手段阻止大規模殺傷性武器在全球擴散，並準備建立防擴散安全倡議的同盟，旨在防止大規模殺傷性武器及相關設備擴散，目前已有美、英、日、法、德等十餘個國家加入。

【3】雖然此書主要是以韓國（大韓民國，或者簡稱為：「南韓」）為介紹國家，但是就此朝鮮民主主義人民共和國，我們仍需要提及幾句。首先北韓位於朝鮮半島北半部，以鴨綠江以及圖們江跟中國大陸、俄羅斯為鄰，面積為十二萬兩千七百六十二平方公里，山地多於平原，河流均往東海以及西海。氣溫屬於寒帶氣候，人口

截至二〇一二年為兩千四百五十四萬九千一百二十二人，自二〇〇四年起，每年人口增加率為1%左右，首都為平壤。而北韓的建立，分別於一九四五年八月十五日，以馬克思、列寧主義為主之無產階級獨裁體制結構，同時具有以朝鮮勞動黨，「黨國合一」的國體制出現，於一九四八年九月十日正式建立起朝鮮民主人民共和國，之後由金日成所提出的「主體思想」來主導國家政策，由朝鮮勞動黨一黨執政，而政治經濟體系則由嚴格激進的先軍政治所主導，為個人崇拜、計畫經濟的國家。而金日成、金正日、金正恩祖孫三代先後成為北韓最高領導人。一九九一年九月十七日和南韓一同加入聯合國，而北韓當地武裝力量最高統帥為國防委員會委員長及朝鮮人民軍最高司令官，具體的軍事指揮由國防委員會負責。

【4】韓國人時稱第一回合衝突為「壬辰倭亂」，第二回合衝突為「丁酉再亂」，現合稱「壬辰祖國戰爭」或「壬辰衛國戰爭」；而同樣的戰役，在日本人幕末、明治時稱「朝鮮征伐」、「征韓」；第二次世界大戰後改稱第一回合衝突為「文祿之役」，第二回合衝突為「慶長之役」，統稱文祿．慶長之役；在中國歷史上，則是把發生在明萬曆二〇到二六年的戰爭稱為：「萬曆援朝之役」。

【5】在韓國民主過程中，也發生了不少悲劇，尤其以二〇一二年十一月二十二日上映，韓國導演——鄭智泳所拍攝的「남영동一九八五」（南營洞一九八五年，National Security）披露在全斗煥時期，試圖意識改造人民、誣陷他人為紅軍、共產黨等過程。而此片講述一九八五年在首爾南營洞發生的事件，根據韓國民主化運動的代表人物、前統一民主黨顧問金根泰的生平故事改編拍攝，金根泰因涉嫌通匪違法被拘，在接受審問的過程中遭到「拷問技術人員」李根安的眾多拷問，如水刑、電擊以及精神轟炸等等，最終拷打以致喪命。

【6】憲法法院是根據一九八七年修改的憲法規定，於一九八八年九月設立而成。新憲法的修訂者根據歐洲模式建立一個專門法院，以充分保護國民的基本權利和有效抑制政府的權利。憲法法院有九名法官，任期為六年，可以連任。憲法法院確定法律與憲法的一致性，裁決政府實體之間的權限糾紛，判定個人提出的有關憲法的

申訴、對彈劾做出最終決定，以及解散政黨進行裁決。

【7】以上七個皆為中央直接管轄的直轄市。

【8】韓國的總統府為「青瓦臺」（청와대），位於首爾市鐘路區世宗路一號。這裡原本是高麗王朝的離宮，一四二六年朝鮮王朝建都漢城後，把它作為景福宮後院，修建了龍武堂、慶農齋和練武場等一些建築物。一九二七年日本入侵後，毀掉五雲閣以外的其他建築，建立了朝鮮總督官邸。一九四五年日本投降後，變成軍政長官官邸。一九四八年八月大韓民國成立的同時，它成為總統官邸，並改名為景武臺。而一九六〇年四月十九日李承晚政府政權垮臺之後，尹普善當選總統並入住景武臺。不久，因為尹普善忌諱「武」字，且為了和美國白宮名稱相對應，將白牆藍瓦的這群建築改為青瓦臺，所以也有人稱之為「藍宮」。而現在的青瓦臺是盧泰愚總統在位時所重建，由位於中央的主樓、迎賓館、綠地園、無窮花花園、七宮等組成。

【9】金鍾泌（김종필，一九二六年—），號雲庭，為韓國著名的政治家，與金泳三、金大中前兩任總統合稱為「三金」；除了金鍾泌出身，為韓國前總統朴正熙的侄女婿、朴東熙的女婿，且參加了一九六一年由朴正熙領導的軍事政變之外，他的政治經歷豐富，分別在一九七一至一九七五年和一九九八至二〇〇〇年兩次出任國務總理，也曾擔任韓國第九屆國會議員，一九六一年擔任中央情報部首任部長，歷任民主共和黨總裁、民主自由黨代表委員、自由民主聯合總裁等等職位。

【10】讓筆者印象深刻的朴槿惠選戰口號，她告訴世人不結婚的理由是因為：「我已經嫁給大韓民國了。」

二、韓國食、衣文化

【1】另外四樣為：日本的大豆、西班牙的橄欖油、希臘的優酪乳和印度的小扁豆。

【2】中國人以食為名，「吃飯皇帝大」，大魚大肉，飯菜大多是家人端上擺滿桌，筷子湯匙則是最後上，不用怕

滑落，故筷子圓滑，又有象徵「團圓、圓融以及吉祥」的意義存在；根據世界衛生組織二〇一一年五月十三日公布的報告顯示，日本人的平均壽命繼續保持八十三歲，與歐洲小國聖馬力諾並列世界第一，澳大利亞位居兩國之後，平均壽命八十二歲。而日本之所以能成為全世界平均壽命最長的國家，主要的原因是他們的飲食，嗜吃海鮮為最主要原因，而在餐桌上，海鮮類居多，因此，在飯桌上，若要插魚肉置碗盤、食用海鮮，以尖端筷子最為方便。

【3】此法令的推出，是因為當年有年僅十六歲的女成員「4 Minute」團體來進行商業性出演，而鬧出來的風波，而此團體以暴露服裝、挑逗舞曲以及歌詞在韓國當地走紅。

【4】又有新平和市場、第一平和市場、東平和市場以及南平和市場。

【5】有關於背包客自助旅行韓語，也請參閱筆者《背包韓語》一書（聯經出版社，二〇一三年六月出版）。

【6】同樣的，「南大門市場」名稱的來源，是來自被韓國視為「國門」的「崇禮門」，此城門位於韓國首都首爾市中區，落成於一三九八年，一九六二年十二月二十日被定為韓國第一號國寶，而讓人家印象深刻的是，在二〇〇八年二月十日晚上八點五十分，因為對土地徵收所得到的補償金不滿，二〇〇六年時也曾在昌慶宮縱火而科以罰金的蔡姓七十歲老翁前去縱火，造成木造的二重樓閣遭火焚毀，現僅存石造城基。目前仍在進行維修中。而崇禮門常被稱為南大門，鄰近平民化的南大門市場。主要以販賣著各式各樣的珠寶、飾品、眼鏡、義大利家具以及家電用品為主。

三、韓國住、行文化

【1】如二〇一三年，韓國當地的報導，江東區的公寓房子漲價0.10%、江南區0.08%以及松坡區0.04%，三個地方漲幅最兇。首爾的二十五個區的名稱分別詳列如下（以韓語次序排列）：

韓語區名	漢字區名	韓語區名	漢字區名	韓語區名	漢字區名
강남구	江南區	도봉구	道峰區	양천구	陽川區
강동구	江東區	동대문구	東大門區	영등포구	永登浦區
강북구	江北區	동작구	銅雀區	용산구	龍山區
강서구	江西區	마포구	麻浦區	은평구	恩平區
관악구	冠岳區	서대문구	西大門區	종로구	鐘路區
광진구	廣津區	서초구	瑞草區	중구	中區
구로구	九老區	성동구	城東區	중랑구	中浪區
금천구	衿川區	성북구	城北區	송파구	松坡區
노원구	蘆原區				

【2】薩德侯爵（Marquis de Sade，原名 Donatien Alphonse François, de Sade）語。

【3】根據韓國調查，所有的韓國國民平均一個月所得約為三百二十七萬六千三百七十二韓元。

【4】韓國語中，有嚴格的敬語以及半語區分，也就是針對說話者的輩分、年紀不同，而會使用不一樣的語氣來對談。

【5】有關於商業用語韓國語，請參閱筆者《公事包韓語》一書（聯經出版社，二〇一四年十二月出版）。

【6】韓國首爾市金浦機場有飛機直達濟州島，或者是從仁川機場飛大秋、釜山、濟州島等航線，但是這裡我們粗略地畫分「機場」為對外（國）交通工具。

【7】前者「亞洲太平洋最佳機場獎」第二名、三為新加坡機場以及北京機場；後者「中、大型機場最佳機場獎」

第二、三名為新德里機場以及孟買機場。

【8】所以在韓國當地政府，勸導喝醉酒就搭計程車回家，或者請人家開車送。或者是要人注意酒後暴力的犯罪事件。

【9】底下有關於摩托車的描寫，出自筆者二〇〇六年，前往南韓高麗大學（Korea Univ.）擔任校際交換生所寫作的《首爾一年：高麗大手札》觀察，此手札尚未出版。

四、韓國育、樂文化

【1】「六書」這一名稱，最早見於《周禮》中，「保氏掌諫王惡，而養國子以道，乃教之六藝：一曰五禮；二曰六樂；三曰五射；四曰五御；五曰六書；六曰九數」，但是在這裡，並沒有明指出六書代表什麼意思。而我們由此可知六書之說，不會遲於戰國末年而出現。到了漢代，《漢書》首先談到「六書」的具體名稱，為：「古者八歲入小學，故周官保氏掌管國子，教之六書，象形、象事、象意、象聲、轉注、假借，造字之本也」。之後的，鄭眾、許慎都分別根據劉歆的學說，具體說明了六書的所指。而六書說的解釋，見於許慎《說文解字·序》，分別為：「一曰指事。指事者，視而可識，察而見意，上、下是也」、「二曰象形。象形者，畫成其物，隨體詰詘，日、月是也」、「三曰形聲。形聲者，以事為名，取譬相成，江、河是也」、「會意者，比類合宜，以見指撝（同「揮」），武信是也」、「轉注者，建類一首，同意相受，考老是也。」、「假借者，本無其字，依聲託事，令長是也」。

【2】當時指稱新創立韓文文字，有著多項名稱，除了「諺文」（언문）之外，還有「諺書」（언서）、「反切」（반절）、「國書」（국서）、「國文」（국문）、「女字」（암클）、「孩字」（아햇글）、「嘎亞字」（가갸글）以及「朝鮮文」（조선글）等名稱。

【3】但在華語學術界，一般仍用音義結合的方式來翻譯這個詞，即把「한」音譯做「韓」，「글」則意譯做「文」，故「한글」就被翻譯做「韓文」，而不翻譯為「大字」或「偉大的文字」。

【4】筆者譯：因為本國的發音、聲調跟中國有所不同，因此我國的文字和中國漢字往往無法互相流通，但是顧及到我們的人民彼此溝通不易，鑑於此，我特地新創了二十八個字型，方便讓我們人民易於學習，以便應用在日常生活中。

【5】人體發音器官之形。

【6】而有關於更進一步的韓語體系的探討，請參閱筆者《簡單快樂韓國語一、二》兩書（統一出版社）。

【7】對比美國而言，美國人口是韓國的六倍，但美國補習業全年營收只有韓國的四分之一，由此看來，韓國補習業明顯是個熱門的行業。

【8】被合併的學校計有底下十間：

京城大學（경성대학교）；

京城法學專門學校（경성법학전문학교）；

京城工業專門學校（경성공업전문학교）；

京城鑛山專門學校（경성광산전문학교）；

京城醫學專門學校（경성의학전문학교）；

水原農林專門學校（수원농림전문학교）；

京城經濟專門學校（경성경제전문학교）；

京城齒科醫學專門學校（경성치과의학전문학교）；

京城師範學校（경성사범학교）；

京城女子師範學校（경성여자사범학교）。

【9】「韓國國立旗幟大學」是韓國政府在光復後，一九四六年以教育興國為宗旨建立的十所國立大學，學校名稱以及建校年分，分述如下：

國立首爾大學，成立於一九四六年，位於韓國首爾；

國立釜山大學，成立於一九四六年，位於韓國釜山；

國立慶北大學，成立於一九四六年，位於韓國大邱廣域市；

國立江原大學，成立於一九四七年，位於韓國江原道；

國立全北大學，成立於一九四七年，位於韓國全羅北道；

國立忠北大學，成立於一九五一年，位於韓國忠清北道；

國立全南大學，成立於一九五二年，位於韓國全羅南道；

國立忠南大學，成立於一九五二年，位於韓國忠清南道；

國立濟州大學，成立於一九五二年，位於韓國濟州；

國立慶尚大學，成立於一九六八年，位於韓國慶尚南道。

【10】在國務總理人士，還有第三十六屆：李海瓚（社會學科畢業）以及第四十屆的：鄭雲燦（經濟學科畢業）；除此之外，還有國會議員、韓國統一部長官：鄭東泳（經濟學科畢業）以及國會議員、現代重工業社長、國際足聯副會長：鄭夢准（經濟學科畢業、韓國駐日大使）、羅鍾一（政治學科畢業）等人。

【11】若說演藝界而言，還有男演員：金楨勳（牙科系）、李尚允（物理系）、李荷妮（衣類學科）等人都可為代表。

【12】世博蘭斯醫科大學：一八八五年四月十日，美國基督教牧師 Horace Newton Allen 在首爾創建的韓國第一所西式現代醫院——廣惠院。廣惠院在行醫的之時，也同時進行醫學教育。一八八六年，醫院開始通過考試

招收學生，最初僅有十六名學生。廣惠院最初由當時的韓國政府資助，而醫院的醫生則由美國教會負責。一八九四年，甲午改革後，韓國政府無法繼續資助醫院，而由美國教會開始對醫院全部負責。醫院由於得到美國商人、慈善家 Louis H. Sevrance 的資助而繼續營運，並以該慈善家的名字更名為世博蘭斯醫院。一九二二年，世博蘭斯醫科大學開始得到韓國聯合宣教協議會的資助。一九二三年，學校更名為世博蘭斯聯合醫科大學。

【13】延禧大學最初由美國基督教牧師 Horace Grant Underwood 於一九一五年三月五日在首爾的一所基督教青年會建立，原名為「朝鮮基督教大學」。為韓國歷史上最早建立的現代大學之一，建立之初有六十名學生和十八名老師。學校後更名為：延禧大學。

【14】當年的新聞報導指出，占國人死亡原因第一位為癌症，每十萬民死亡人數中有一百三十四點五名，而一九九五年為一百一十點八名，也位居第一，而居第二位的是腦血管病六十四點三名，第三位是心臟病三十九點六名。

【15】有趣的是，在金文學對於韓國社會批判的文化觀察集中，中文本雖然譯為：「醜陋的韓國人」，但是在韓文原書名即為：「한국인이여 상놈이 돼라！」（韓國人，做一個正常人吧！），來揭露韓國社會的種種變形狀態。參見金文學著，醜陋的韓國人，山東人民出版社，二〇〇五年二月初版，日文版前言，頁3。

【16】二〇一二年據韓國《亞洲經濟》報導，韓國境內男女結婚平均年齡較過往增加了約四歲之多。以晚婚趨勢加劇的二〇一〇年為基準，四十至四十四歲男性未婚比率達到14.8%，比起十五年前增加了二點五倍。且據韓國統計廳所公布的「二〇一〇人口住宅總調查結果和進一步分析研究報告」資料表示，男性的初婚年齡從一九九〇年的二十七點九歲增加到了二〇一〇年的三十一點八歲，婚齡推遲了三點九歲。同時女性的初婚年齡也從二十四點八歲增加到了二十八點九歲，婚齡推遲四點一歲。

【17】相關的文化分析，也請參閱筆者《學慣用句說道地韓語》一書內十篇文化小觀察專欄文章（聯經出版社，二〇一四年七月出版）。

【18】當然在這裡，我們也不可以單純以咖啡飲料成本下去計算，還得考慮到咖啡連鎖店的電費、人力支出、場所提供以及無線網路供應等眾多商業層面；但是在這裡，我不繼續分析此資本主義的現象。

五、素描韓國社會

【1】韓文版書名：《作一個正常的韓國人吧！》

【2】若換成韓語表示，男女朋友常常會指稱自己的男女朋友：「내 거야」，即中文：「（他是）我的東西（愛人）啊！」。

【3】有趣的是，很多臺灣人對於韓國的印象也是從這片子開始，令我不禁想到，這片子是否也預言著未來韓國跟世界的關係。片中的男友，我們可以想像成「世界」，相較起女方而言，原本是應該比較有力的，但在這片子中，被一位野蠻女友（象徵：「韓國」）所制伏，不也就是如同之前我們自以為韓國是一個小國家，到了二十一世紀，怎麼知道韓國逆勢成長，造成如今有多少韓國產品充斥在我們身邊呢？因此，這片子是否也預料著，上述這樣的韓國與世界關係的逆轉存在，值得我們深思！

【4】詳細言之，這一件「黃禹錫神話」以及之後對他相關處罰乃是：「黃禹錫神話」破滅始於二〇〇五年年底，當時有媒體披露他的研究小組接受下屬女研究員卵子用於研究，並向提供卵子的婦女提供酬金，違反了倫理道德。

隨後他的研究小組成員、美國匹茲堡大學教授夏騰指出，二〇〇五年論文中有造假成分，國立首爾大學隨即也成立調查委員會進行調查，結果證實其發表在《科學》雜誌上的兩篇論文成果均屬子虛烏有，黃禹錫面臨了首爾大學，甚至是韓國相關法律的懲罰。二〇〇六年一月，韓國政府取消黃禹錫「韓國最高科學家」稱號，並免去他擔任的一切公職任務。

同年度的一月十二日，黃禹錫對其論文造假一事再次向韓國國民道歉，表示對論文造假部分，個人負起全部責任，但他堅持認為幹細胞研究成果是被人「調包」，並要求檢察機關進行調查。

二〇〇六年三月二十日，首爾大學懲戒委員會舉行會議決定，對黃禹錫處以級別最高的處分，撤銷他的首爾大學教授職務，且禁止他在五年內重新擔任教授等公職。會議上同時也決定，黃禹錫的退職金減半發放。

在社會上，同年度的三月二十二日，韓國最高科學家委員會決定，正式取消黃禹錫的「最高科學家」稱號。

五月十二日，韓國檢察機關對黃禹錫提起訴訟，指控他在幹細胞研究中犯有欺詐罪、侵吞財產罪、違反《生命倫理法》等等多項罪名。

而當年六月分，黃禹錫計畫東山再起，於七月分重新開始他的克隆研究。七月四日，黃禹錫首次在法庭上承認曾指示手下在論文中造假，並表示願為此承擔責任。

七月十八日，韓國政府決定取消授予黃禹錫的「科學技術勳章」和「創造獎章」兩獎章，以貶責他的論文造假行為。

八月十八日，韓國媒體援引政府官員消息說，黃禹錫已在首爾建立一個新的實驗室，重新開始進行他的研究工作。

二〇〇九年十月二十六日，韓國首爾中央地方法院裁定，黃禹錫犯有侵吞研究經費和非法買賣卵子罪，判處他有期徒刑二年，緩期三年執行。

二〇一〇年十二月十六日，韓國首爾高等法院對黃禹錫涉嫌侵吞研究經費上訴案作出判決，黃禹錫因侵吞部分研究經費而被判處有期徒刑十八個月、緩期二年執行。

【5】有趣的是，韓國的小菜多以涼拌為主，所以店家可以在客人上門前，把小菜先做好，等客人光顧時，把客人所點的主菜（韓國飲食多是鍋類、湯類為主）烹調好，搭上這些已經準備好的涼拌小菜就可成為一餐。所以，韓國人的用餐時間比起中國人而言，來得更快速。而這些早已準備好的小菜，不也是可以看到韓國這一「火病」的存在嗎？

【6】根據世界知名 CDN（Content Distribution Network）服務商 Akamai 日前的調查顯示，世界網路在二〇一〇年九月底時平均達到每秒 1.9 Mps 的速度，比二〇〇九年增加了 14%。

【7】又稱為：「百中節」、「亡魂日」、「中元」或「盂蘭盆節」，為韓國一傳統節日，來自中國的中元節與盂蘭節。但來到韓國之後，在此節日中，又多發展出自己的民族特色。韓國的「百中節」多保留「中元慶豐收」意涵，當天也有舉辦祭祀農神、祖先以及普渡等等祭祀儀式。

六、韓國文化財：無形文化財以及有形文化財

【1】故，又有人說，「阿里郎」的原名為：「아리랑」（我離娘），為了前去中央勞動，而與家人離別之。

【2】此語出自朝鮮王朝《成宗實錄》中記載：「吾東方自箕子以來，教化大行，男有烈士之風，女有貞正之俗，史稱小中華」。

【3】紙幣人物上的設計、安排女性角色，不也是呼應我們在此書前半部提出現今韓國女性意識漸漸抬頭的現象。

參考書目

韓文書籍：（底下皆以出版時代先後為編排）

일상문화연구회 엮음，한국인의 일상문화：자기성찰의 사회학，서울：한울，一九九六년．

함인희 외 지음，한국의 일상 문화와 몸，서울：이화여자대학교 출판부，二〇〇六년．

한국철학사상연구회 지음， 논쟁으로 보는 한국철학，서울：예문서원，二〇〇九년．

박성준，이산이 지음，한국의 역사와 문화，서울：한국문화사，二〇一一년．

이해영，김은영，선경선 등 공저，생활 속 한국 문화 七七，서울：하눌파크，二〇一二년．

아상억 지음，한국어와 한국문화，서울：소통，二〇一一년．

英文書籍

Korean culture : acts and figures. Korean culture, Seoul, Korea : The Korean Culture and Arts Foundation, 1990.

An illustrated guide to Korean Culture : 233 traditional key words, edited by the National Academy of the Korean Language, An illustrated guide to Korean Culture : 233 traditional key words, Seoul : Hakgojae, 2002

21 Icons of Korean Culture : The Academy of Korean studies, 한국학중앙연구원 . 21 Icons of Korean Culture, 서울 : 경인문화사 , 2009.

Gyeongju, the heart of Korean culture : a UNESCO world heritage, Choi Joon-Sik ; translated by Sandra Choe, Gyeongju, the heart of Korean culture, Paju-si : Hanul Academy, 2011.

中文簡體版書籍

KOREA VISUALS 編輯部（作者），李華、李華敏（譯者），韓國文化遺產之旅，生活．讀書．新知三聯書店，二〇〇七年十月一日初版。

索妮亞．維格達爾、本．許昇華（作者），郝意凝、孟豔梅（譯者），文化震撼之旅：韓國，旅遊教育出版社，二〇〇八年一月一日初版。

李善伊（作者），馬佳（譯者），韓國現代文化，世界圖書出版公司，二〇〇九年二月一日初版。

孫大俊（作者），苟振紅（譯者），走近韓國：韓國文化風情讀本，北京大學出版社，二〇〇九年八月一日初版。

金文學（作者），東亞文化研究系列：中國人、日本人、韓國人，貴州出版集團，貴州人民出版社，二〇一一年三月一日初版。

韓國歷史研究會編輯，尚詠梅、王海龍（譯者），百年韓國：生活與文化，吉林出版集團有限責任公司，二〇一一年十月一日初版。

林敬淳，韓國文化的理解，大連出版社，二〇一二年一月一日初版。

張玉珍，你所不知道的韓國，中國宇航出版社，北京，二〇一二年一月初版。

楊益、鄭嘉偉，不可不知的朝韓史，華中科技大學出版社，二〇一二年六月一日初版。

中文繁體版書籍

（晉）陳壽，三國志（魏書），東夷傳。

蔡茂松，韓國近世思想文化史，三民出版社，臺北，一九九五年十月初版。

朱立熙，韓國史，三民出版社，臺北，二〇〇三年七月初版。

簡江作，韓國歷史與現代韓國，臺灣商務，臺北，二〇〇五年八月初版。
金文學，醜陋的韓國人，大地出版社，臺北，二〇〇五年十一月初版。
金容沃，朱立熙譯，韓國心臺灣情，允晨文化，臺北，二〇〇六年五月初版。
金錫澈，陳慶德等人譯，世界建築紀行，聯經出版社，臺北，二〇一〇年五月初版。

韓國人入門

作　　者　陳慶德
發 行 人　楊榮川
總 編 輯　王翠華
主　　編　陳姿穎
責任編輯　邱紫綾
封面設計　吳雅惠
出 版 者　五南圖書出版股份有限公司
地　　址　106台北市大安區和平東路二段339號4樓
電　　話　(02)2705-5066
傳　　真　(02)2706-6100
劃撥帳號　01068953
戶　　名　五南圖書出版股份有限公司
網　　址　http://www.wunan.com.tw
電子郵件　wunan@wunan.com.tw
法律顧問　林勝安律師事務所　林勝安律師
出版日期　2015年 6月初版一刷
定　　價　新臺幣350元

國家圖書館出版品預行編目資料

韓國人入門／陳慶德著. -- 初版. -- 臺北市：五南, 2015.06
面； 公分
ISBN 978-957-11-8111-0（平裝）
1.文化 2.社會生活 3.韓國
732.3　　104007030